僕は明日もお客さまに会いに行く。

川田　修

ダイヤモンド社

はじめに――僕がこの本で伝えたいこと

これまで、多くの営業マン向けの本が世の中に出ています。

「営業テクニック」「営業トーク」「説得術」「心をつかむ方法」「ヒアリングの仕方」「断られない営業」「成功の法則」など、どれも内容的にはうなずくものばかりです。

でもそれを読んだからといって、また実践したからといって「結果が出ました！」と言う声は、残念ながらほとんど聞いたことがありません。一時的に効果が出たという人もいるかもしれませんが、継続的にお客さまを増やし続けている人はごくわずかだと思います。


なぜなのでしょうか？

書き手が嘘を教えているわけでも、読み手の努力が足りないわけでもありません。

それは、お客さまと接する上で、いや、仕事をする上で大切な「根本的なこと」が、欠けているからなのです。

そしてそれは、人として「最も大切なこと」でもあります。

私は現在、外資系企業で営業の仕事をしています。過去には、最も高い実績を上げた人間として、表彰されたこともあります。

そして二〇〇九年には『かばんはハンカチの上に置きなさい』（ダイヤモンド社）という本を上梓し、韓国、台湾、中国でも次々と翻訳出版されました。と同時に、メーカーやサービス業、税理士や弁護士といった士業の方々など、私と同業種以外の業界も含め、年間四〇回程度の講演も行っています。

前著『かばんはハンカチの上に置きなさい』の中でも、また講演会でも、お客さまの心をつかむ方法について具体的なやり方を紹介しています。

しかし、本当に私が伝えたいことは、そこではありません。

どうすれば、「根本的なこと」をお伝えできるだろうか。

いろいろ考え、あるアイデアに至りました。

そうだ、ストーリーにしよう、と。

この物語を通じて、営業のノウハウ本を読んだり、日々の営業活動をする上で、絶対に忘れてはいけない、「一番大切なこと」を、感じていただければと思います。

私たちも「人」であり、周りの人たちもまた「人」です。

人として、本当に大切なことって何でしょう？

さっそくページを開いていただければと思います。

川田　修

僕は明日もお客さまに会いに行く。

―目次―

プロローグ

大きな拍手が鳴り響いている。

壇上に上がった僕は、それを聞きながらみんなに向かって深々と頭を下げた。

多くの人の支えがあったからこそ、僕は初めてここまで来ることができたんだ。

心の中には、あとからあとから感謝の言葉があふれてくる。


僕は、表彰式の会場にいた。

まさか自分が、壇上に上がれるようになるとは思わなかった。

半年前にあの人に出会うまでは、まさか自分がこんなに素直な気持ちで感謝の言葉を口にするようになるとは、思ってもみなかった。


僕は毎年ここに来ていた。

でも、これまではどこか他人事だった。

今、初めてここに参加できる人間になれた気がする。
ただ、今いる場所はゴールじゃない。
僕は今、ようやくスタートラインに立ったところだ。

第一章

何で僕が選ばれるんだ……

第一週　月曜日

暑さもやわらいでクールビズも終わった月曜日の朝のミーティング。

「三井《みつい》総一郎《そういちろう》くん！」

その人の口から飛び出したのは、僕の名前だった。

「え？　僕ですか？」

自分としては、そんなに大きな声を出したつもりはなかった。けれども、僕に背を向けて立っていたほとんどの人たちが、いっせいに振り返ってこっちを見ている。

顔が赤くなっているのが自分でもわかる。下だけは向かないようにしようと、何とか頑張って顔を上げていた。すると、同僚や先輩たちが近くにいる人と口々に何かをささやき合っているのが目に入った。

みんな何を言っているんだろう。気になる。

「よりによって、どうして選ばれるのがあいつなんだ？」

おそらくそんなところだろう。

ふと気づくと、ミーティングでは必ず一番前に立ってやる気をアピールしているアイツが、最後列が定位置の僕の横に立っていた。

清宮薫《きよみやかおる》。いつの間に来たんだ、おまえは。

清宮は僕の怪訝《けげん》な顔など目もくれず、耳元に顔を近づけて低い声でつぶやいた。

「まさか、おまえが指名されるとは思わなかったよ」

どういう意味だ、それは。

僕は首を少し横に向けて、清宮の横顔を睨《にら》みつけた。前を見たままの清宮の表情は、いつものようにクールだった。

清宮は僕と同じ、五年前に入社した、いわゆる同期だ。

しかも、飛び抜けて優秀なヤツときている。何でそんな細かいことまで知っているんだというほど、社内外の情報にも精通している。

僕はどうしても好きになれなかった。言うことがいちいち嫌味ったらしいし、得意げにしゃべるときに右手の親指と人さし指で顎の先端を何度もつまむくせが、どうにも癇《かん》に障って仕方がない。

僕が清宮を敬遠していることもあるが、清宮もごくたまに、仕事に関してどうしても話さなければならないときにしか僕に寄ってこない。

「てっきりおまえが選ばれるかと思っていたよ。だって、トップを争う優秀な営業マンが選ばれるんだろ、これって」

僕は横目で清宮を見ながら、少しとげのある調子で言い返した。

しかし、清宮は眉ひとつ動かさなかった。まるで聞こえなかったかのように、清宮はその人に関する情報を僕に耳打ちした。

「あの人は、ここ一〇年で三回もトップを取った凄腕《すごうで》の営業マンだ。それくらいならおまえでも知ってるよな」

人を見下すような言い方しやがって。

清宮は僕のいらだちなどお構いなしに先を続ける。

「四二歳。見た目は優しそうに見えるけど、だからといって油断していると、どんどん追い込まれていくらしいぜ。

つぶされた人もいるって噂だ」

また顎を触っている。半分笑ったような目つきだった。

「まあ、せいぜい頑張るんだな」

僕の肩をポンと叩いて、清宮は定位置である一番前に戻った。

ふざけるな!

背を向けた清宮の頭を、お返しにポンと叩いてやりたい気分だった。

支社長が僕に何か言ったようだが、僕は清宮の言葉にすっかり心を奪われていた。

耐えられないほど追い込まれるというのは本当だろうか?

面倒なことになったな。

これが正直な気持ちだった。

抗議の意味で睨みつけようと視線を送ると、その人は楽しそうな表情で僕を見ていた。

僕が勤務する生命保険会社では、毎週月曜日の朝にミーティングが行われる。

いわゆる朝礼のようなものだ。始業一時間前の午前八時から約三〇分、六〇人ほどいる支社の社員全員が参加する。ほとんどが営業職の人間だ。

僕がオフィスに着いたのは、五分前の七時五五分だった。ざっと見渡すと、ほとんどの同僚がデスクでメールチェックをしたり、新聞を読んだりしていた。

最近入社してきた新人は、すでに資料を見ながら商談の予習をしているようだ。

そういえば、僕にも早く出社していた時期もあったっけ……。

五年前、新入社員として配属されてすぐ、社会人としてのイロハを教わった先輩から、「人より早く出社しろ」と何度も言われた。

先輩の言いつけを律儀に守り、僕は毎朝七時には出社していた。

起床は五時二〇分。眠い目をこすりながら一階に下りると、すでに母さんが用意した朝食がテーブルに並んでいた。

「おはよう。いつも頑張ってるわね」

母さんはそう言って味噌汁を温め直してくれた。

正味五〇分かかる空いた通勤電車の中で新聞を読んだ。

ところが、だんだん朝早く起きるのが辛くなってくる。

一年目の秋になるころから起きる時間が少しずつ遅くなり、それとともに出社時間も遅くなっていった。もう何年も前から、月曜日以外は八時五〇分にオフィスに着く習慣ができあがっていた。

それでも一〇分前だ。

遅刻しているわけではない。どうしてもやらなければいけないことがあるわけでもない。僕はだんだん、自分の行動をそんなふうに正当化することが多くなった。

朝のミーティングにしても、新入社員のころは毎週楽しみにしていた。支社長の話や実績を上げている先輩たちの話は刺激的だった。聞いた話を参考に、自分の営業に取り入れようと躍起になった。いつか自分も実績を上げて、みんなの前で名前を呼ばれるんだという高いモチベーションを心に持っていた。

それには、理由がある。

そもそも、僕がこの会社に入りたいと思ったのは、営業成績が収入に直結するフルコミッション制だったことが決め手だった。

「成績を上げれば、若くして年収数千万円だって夢じゃないよ」

同じ大学から入社した先輩からそう言われ、耳を疑ったほどだ。だからといって自分が贅沢《ぜいたく》をするためにお金を稼ぎたかったわけじゃない。

会社に入ってからは誰にも言っていないが、僕は高校二年生のときに父さんを亡くしている。

それからは、母さんが女手ひとつで僕と妹を育ててくれた。決して、稼ぎが良かったわけでもないだろうに、それなりに名の通った私立大学にも通わせてもらった。たぶん、母さんは苦労したはずだが、一度だって僕たち兄妹にそんな素振りを見せなかった。

入社式で社長の訓示を聞きながら、僕は心に誓った。

「母さんに楽をさせてあげよう」

そのためには、一日も早く一人前になり、多くの収入を得なければならなかった。普通の会社に入り、地道に収入を上げていくことは否定しない。しかし僕には、悠長《ゆうちょう》にそれを待つ余裕がなかった。


それだけじゃない。

就活をしているとき、僕はこの会社の会社案内に載っていた写真に目を奪われた。毎年六月に行われる、成績優秀者の表彰式の写真だった。

先輩に聞くと、この会社では一年間の営業成績に基づいて、全国におよそ二〇〇〇人いる営業マン全員に順位がつけられるという。表彰式では、トップテンに入った営業マンは家族や親を参加させることができ、表彰台に上がり、すべての営業マンの前で称えられる行事だという。特にトップの表彰は別格だとその先輩は言っていた。

僕が実際に表彰式を見たのは、入社して三ヵ月目の六月のことだった。

都内の大きなホールを借り切り、会場は全国から集まってきた営業マンで埋め尽くされていた。社長の挨拶のあと、一〇位から二位までが表彰された。彼らは賞状とトロフィーを授与され、社長から労いの言葉をかけられた。嬉しそうな表情と堂々とした様子が印象的だった。

二〇〇〇人の中のトップテンだ。壇上に上がれたら確かに誇りに思えるだろう。

そう思っていると、突然会場が暗転した。

音楽が鳴り、司会者の声だけが会場に響いている。すると、スポットライトに照らし出された人物が、会場の中央に敷かれた赤い絨毯《じゅうたん》の上を悠然《ゆうぜん》と歩いていく。その人が壇上に上がると、司会者が絶叫した。

その人こそ、二〇〇〇人の頂点に立つ営業マンだった。会場全体からは、割れんばかりの拍手が送られている。僕は口を開けたまま見とれてしまい、手を叩くのも忘れてぼうぜんと立ち尽くしていた。

トップに立った営業マンは、表彰のあとにスピーチをするのが慣例だった。

そのときに、お世話になった人、感謝したい人を壇上に上げることができる。三二歳で独身だというトップ営業マンは、ご両親を壇上に招き入れた。彼はスピーチの中で、ご両親に対して感謝の言葉を述べていた。

これだ。

僕は決心した。

必ずトップを取る。

トップを取って、母さんを壇上に上げよう。

そして、心を込めてこう言おう。

「今まで僕を育ててくれてありがとう」

壇上で、親に対する感謝の言葉を口にしたどの営業マンより、僕のほうが絶対に母さんに感謝している。絶対だ。


翌日から、僕は強い意気込みで仕事に臨《のぞ》んだ。

先輩の指導を素直に聞き、やってみろと言われたことはすぐに何でもやった。話題になったビジネス書はすべて買い込み、異業種交流会の情報も調べた。

でも、僕の意思はそんなに強くなかった。入社式や表彰式で誓った決心は、そう長くは続かなかった。

実績は、なかなか上がらなかった。現実はそう甘いものではない。僕はそう悟った。

だって、現に優秀な先輩はたくさんいる。僕が所属する支社だけでも、僕より数字を上げている先輩は何人もいる。同期には、憎たらしいが優秀な清宮もいる。全国を見れば、僕より実績を上げている人がどれだけいるか想像もつかない。

「トップを取るだけがすべてじゃない」

そんな言葉を心の中で呪文のように唱え、自分を納得させた。「今のままでいいんだ」と自分の心に思い込ませ、いつの間にかトップになることは頭の中から薄れていった。

あれほど印象的で、憧れだった表彰式に出るのも嫌になっていった。

清宮が凄腕と呼んだその人が支社にやってきたのは、突然だった。

朝のミーティングのときに支社長の左斜め後ろに立つその人を見て、僕はてっきり転職してきた人だと思っていた。それにしてはちょっと老けていると思ったが、今の時代、そういうことがあっても不思議じゃない。

そんなことより、毎月初めのミーティングは気が重いことがあった。前の月の営業成績のランキングが発表されるからだ。

支社長は、朝の挨拶に続けてさっそく数字を読み上げていった。

「支社のトップは吉満《よしみつ》くんだ。二位は若杉《わかすぎ》くん」

二人とも、この支社で最も優秀な先輩だ。吉満さんは三五歳、若杉さんは四〇歳のベテラン営業マンだ。

「トップと二位は前の月と変わらないね。吉満くんと若杉くんは、全体でもトップ争いに加わっている。この調子で頑張って欲しい」

支社長は、少し間を置いて続けた。

「三位には、入社五年目の清宮くんが入った」

また清宮か……。

「全体でもトップテンに入る勢いだ。清宮くんの急成長ぶりは他の支社でも話題になっているそうだよ」

清宮の表情が気になった。僕は正面にある大きな窓に映った清宮の顔を見ようとした。どうせ清宮のことだ。例によって右手の親指と人さし指で顎を触っているに違いない。

清宮が評価されるのは何だか腹立たしい。でも、もう嫉妬心《しっとしん》は湧かなかった。

「若い清宮くんがトップスリーに入ったことは、みんなにも刺激になると思う。特に自分で設定した目標を達成できなかった者は、不足した分を何としても今月中に巻き返すよう頑張って欲しい」

僕は清宮の表情が映らないほうの窓に目をやり、外に広がる朝の景色を眺めようとした。すると、再び支社長の左斜め後ろに立つ見知らぬ人が目に入った。濃いグレーのスーツを着たその人は、柔和な笑みを浮かべている。

でも何かが引っかかる。

その人は、支社長が話している間中、ずっと営業マンの顔を見回している。ふと、その人が僕の目を見た。優しそうな顔つきをしているのに、僕はすぐに目をそらした。うまく言えないけれど、その人に見つめられると何かを見透かされているような怖さを覚えた。

落ち着かない僕は腕時計を見た。八時三〇分になろうとしている。いつもならそろそろミーティングも終わりのはずだ。

「最後に、以前知らせておいたメンター制度の件に触れておく」

まだ続くのか……。

支社長が続ける。

「指導対象者はあとで発表するが、周知の通り、この支社では今日から制度を実施することになっている」

二週間ほど前だっただろうか。そんなメールが流れてきたのを思い出した。

営業職各位
このたび、営業力のさらなる強化のため、当社ではメンター制度を導入することになりました。この制度は、過去に年間トップを獲得した優秀な営業マンが、各支社の営業マン一名をマンツーマンで指導し、指導された営業マンのスキルアップを狙う取り組みです。

指導期間は四週間。

決して十分な期間とは言えませんが、指名された方は知識を貪欲に吸収し、自己の営業スキルをアップさせることのみならず、同じ支社の営業マンに有形無形の影響を与えることを期待しています。


しかし、僕には関係ないことだと、読んですぐ記憶から消し去っていた。

同じ支社の営業マンに有形無形の影響を与えるのであれば、優秀な営業マンのスキルをさらに伸ばすのが効果的だ。

反対に、目標をすべてクリアできずに下のほうにいる営業マンを指名し、支社全体の底上げを図ることも考えられる。

その場合でも、僕は対象外だ。支社の営業マンの中では、たぶんちょうど真ん中ぐらいのところにいる。

支社長は、後ろに立っていたその人に、前に進むよううながした。

「紹介します。これから四週間、メンターとして指導してくれる山野井《やまのい》くんだ」

そうだったのか。

「山野井くんの実績は、今さら説明するまでもないと思う。わが社では知らない者のいない伝説の営業マンだ。じゃあ山野井くん、ひと言頼むよ」

支社長にうながされた山野井さんという人は、照れ臭そうに一歩前に進んだ。

「みなさん、おはようございます。ただいま支社長からご紹介いただきました山野井と申します。今日から一カ月、こちらの支社にお邪魔させていただきます。お忙しい時期にご迷惑かと思いますが、よろしくお願いいたします」

そう言って深々と頭を下げた。

九〇度、時間にして三秒くらいだっただろうか。

誰もが物腰の柔らかい丁寧な人と感じたことだろう。でも僕は、その人のお辞儀を見て、忘れかけていた言いようのない思いが胸に湧き上がってきた。

山野井さんが続ける。

「では、指名させていただきますね。これから一ヵ月の間、私とご一緒していただく営業マンの方は……」

山野井さんはそう言ってから、妙な「ため」を作った。

指名されないと余裕を持っていた僕には、フロア全体が息を飲むのがわかった。そんな雰囲気を楽しむかのように、山野井さんは笑みを絶やさない。

「三井総一郎くん」

「え？　僕ですか？」

思わず声が漏れた。よほど声が大きかったらしい。周囲にいる先輩や同僚がいっせいにこちらを見た。清宮が近寄ってきて耳元でささやきかけてきた。清宮の「つぶされた人もいる」という言葉が耳にこびりつき、言いようのない不安に襲われた。

何で僕が指名されたんだろう。

僕はパニックになっていた。脇を通り過ぎて自分の席に戻る先輩や同僚が、次々に僕に声をかけていく。

「たいへんなことになったたな」

「ま、頑張れよ」

どの言葉にも、僕が選ばれたことが意外だというニュアンスが含まれているのは明らかだった。

「はあ、まあ頑張ります……」

そう口にするのがやっとだった。次の行動に移ることができずに立ちつくしていると、山野井さんが近づいてくるのが見えた。

その人はどんどん僕との距離を詰めてくる。僕は不審と不安とイライラが入り混じった複雑な気分を抱えたまま、山野井さんに挨拶をするためどうにか一歩足を踏み出した。

第二章

一カ月間、精いっぱい頑張ります

どうして僕なんですか？

正直言って、面倒なことに巻き込まれたと思っています。


本当はそう言いたかった。

でも、心の中でそう思っただけで、結局僕が口にしたのはこんな言葉だった。

「これから一カ月間、ご指導よろしくお願いします」

弱いなあ、俺。

僕は、モヤモヤとした思いを心の中にしまったまま、精いっぱいの丁寧な挨拶をしたつもりだった。

山野井さんがニコニコしながら話しかけてくる。

「三井くんはいくつ？」

「今は二七歳ですけど、もうすぐ二八になります」

「そうかぁ、俺と一五歳差かぁ」

少しの沈黙を経て、突然山野井さんが聞いてきた。

「三井くんはさぁ、何で俺なんだよって思ってる？」

え？　何でわかるの？

のん気な声で心の奥をついてくる山野井さんが、すごく怖い人に見えた。

「いえ、そんなことは……」

「ない？　本当？　俺はキミの気持ちもわからないではないけどね」

山野井さんはいたずらっぽく笑った。


どうやら、僕の顔には思っていることがはっきりと書かれていたようだ。

「でもさ、今はそんなこと考えないで、何かの縁だと思ってよろしく頼むよ」

僕のいらだちをなだめるような山野井さんの声は、表情に劣らず優しげに聞こえた。

「わからないことや聞きたいことがあったら、どんなことでも答えるからね。遠慮しないでどんどん聞いてよ」

「……わかりました」

そうは言ったものの、やっぱりどこかすっきりしない。

でも、これではっきりした。山野井さんは僕を選んだ理由を絶対に言わないだろう。まあ、山野井さんの言う通りかもしれない。考えても仕方ないか。

「一カ月間、精いっぱい頑張ります」

「うん。じゃあ、キミのデスクに行こうか」

それにしても、この山野井さんという人は、本当にすごい人なんだろうか。そのころの僕は、誰がトップになったか、トップになったのはどんな人かということにさえ、まったく興味がなくなっていた。

しかし、伝説の営業マンとまで言われるような人だ。精悍《せいかん》で、見るからに頭の切れそうな人。話すことも超論理的で、切れ味鋭くポイントをついてくる。単なるイメージにすぎないが、そんな人を想像してしまう。

まだほんの少ししか話をしていないので何とも言えないが、僕には山野井さんがそうした人物にはどうしても見えない。

服装にしたって、山野井さんはどこか地味だ。清宮は、山野井さんが四二歳だと言っていた。

ダークグレーのスーツは、一見するとごく普通のものにしか見えない。シャツは何のへんてつもない白。

「おしゃれな人こそ、足元に気を使う」

入社して間もないころだったか、立ち読みしたファッション雑誌でこのフレーズを目にしたとき、靴にも気を使わないといけないんだと教えられた。

そんな視点で山野井さんの足元を見ると、靴そのものは確かに丁寧に磨き上げられているが、あまり派手さは感じられない。

それともうひとつ、山野井さんは朝のミーティングのときから一貫して穏やかな表情を崩さない。

みんなが言うような優秀な人であれば、ふとした場面で厳しい表情を見せるはずだ。

話し方にしてもそうだ。

声のトーンはやや高い。さすがにこれは偏見だろうが、僕のイメージにある優秀な人というのは低音に張りがある声を出す。山野井さんの声は、伝説の営業マンとして少し威厳《いげん》がないように感じてしまう。

見れば見るほど、話せば話すほど、山野井さんからは柔和で穏やかな人物という印象しか伝わってこない。

デスクに移るまでのほんのわずかな時間だったと思う。

山野井さんに対するイメージを頭の中で思い巡らせていると、それがボーッとしているように見えたのだろう。山野井さんが僕の肩を叩いた。

「大丈夫？」

「は？　ええ、大丈夫です」

「ところでさ、今日の予定ってどうなってるの？」

昔から知っている友人に語りかけるような気さくな調子で、さりげなくチェックが始まったようだ。

「はい。午前中に一件商談が入っています」

「ふうん」

「午後一時と三時、それから四時半と六時半にもアポイントが入っています」

結果オーライとは、まさにこのことだ。

先週アポイントを入れたとき、たまたま月曜日に集中してしまったのだ。どうだ。これなら文句のつけようがないだろう。

「月曜日からそんなにアポイントが入っているなんて、さすがだねぇ」

嫌味か？　でもそんな口調には聞こえない。

「午前中の商談は何時から？」

「一〇時です。ここからだと三〇分もあれば着きますね」

「そう。じゃあ、まだ少し時間があるね」

僕は時計を見た。まだ八時四〇分を回ったところだ。

「ええ、まあ」

「少し話を聞いてもいいかな？」

山野井さんは僕の返事を待たずに続けた。

「あのさ、これから一カ月間、キミはどんなことを学びたいと思ってる？」

え？　ちょっと待ってくださいよ。たった今指名されたばかりで、まだそんなこと考えてなんかいませんよ。

「ええと、そうですね……。僕は……」

「まだ考えられないかな？」

わかっているなら聞かないでください。

「いえ……、そんなこともないんですけど……」

だいたい、メンター制度の存在すら忘れていたのだ。何を学びたいかなんて、すぐに思い浮かぶわけがない。


「じゃあ質問を変えるね」

今度はどんな質問だ？

「キミはこの先、どうなりたいと思っているの？　それなら答えられる？」

その質問であれば答えられそうだ。

「僕は、今よりも売れる営業マンになりたいんです」

この会社で働いている以上、みんなもっと売りたいと思っているはずだ。僕もそう。結果を出せばプライドが保たれるだけでなく、収入にも直結する。

「そうか、キミは数字を上げたいんだね？」

「もちろん、そうです」

「数字かぁ。何のために？」

数字を上げて収入を上げる。お金のことを言うのは生々しすぎるだろうか。最近ではすっかり忘れかけてしまっているけれど、本当は本音を言えば、母さんに楽をさせてあげたいという思いがある。

でも、そんなプライベートなことを、まだ会って間もない人に言えるわけがない。言ったって、僕の家庭の事情なんかどうせわかりっこない。何よりも今までそれができていない自分に蓋《ふた》をしておきたかった。

「何だっていいよ？　それとも、俺には言えない？」

「いえ……、そういうわけじゃないですけど……」

気まずい。でも、言いたくない。会話はそこで途切れた。

頼む、何か言ってください……。

山野井さんが腕時計を見る。

「そろそろ時間だね」

助かった。

「じゃあ行こうか」

山野井さんは立ち上がった。

僕は用意した資料とタブレット端末を鞄《かばん》に入れた。

「行きましょうか」

僕が先に立ってオフィスを出た。僕の背後で、山野井さんがフロアに向かって大きな声で言った。

「行ってきます!」

振り返ると、山野井さんは何事もなかったかのようにこちらに歩いてくる。顔には、満面の笑みをたたえていた。

何か調子狂っちゃうな。

山野井さんのおかげで、やりにくい商談になりそうだ。

「これから行くお客さまは、どんなところ?」

地下鉄に乗ってしばらくすると、隣で吊り革につかまる山野井さんが、僕に身を寄せて聞いてきた。

「それほど規模は大きくない会社ですが、この厳しい経済環境の中、コンスタントに利益を出しているメーカーです」

一気にそうしゃべったあと、前に座る乗客が僕の顔を見ているのに気づいた。少し声が大きかっただろうか。ちょっと声を落として続けた。

「調べたところでは、これから行く事務所兼工場は自前だそうです。借金もほとんどないようで、すごくいい会社だと思います」

この会社を知ったのは、いつも読む新聞の片隅に載っていた小さな記事を、たまたま読んだことがきっかけだった。

そこでは、社長が利益を出し続ける秘訣を語っていた。書かれていた秘訣そのものは僕に理解できるような内容ではなかったが、この時期でも利益を出し続けられる会社があるのかと興味をひかれた。

新聞に載っているぐらいだから、誰かが営業をかけているだろう。そう思ったが、ダメもとで調べてみた。すると、支社には誰も担当している人がいなかった。他の支社でもフォローした形跡はない。

ラッキー。

僕は先を越されてはならないと、勢い込んでアポイントを入れた。

「わかりました。あなたがそれほどおっしゃるなら、お会いしましょう」

電話口の社長は、穏やかな声でそう言ってくれた。

とんとん拍子に商談がセッティングできたことで、僕は「いける」と期待していた。


「そう、それで誰に会いに行くの?」

山野井さんはニコニコして聞いている。

「その会社の社長です」

「そう」

「提案する内容も決まっています」

「え?」

一瞬、山野井さんが怪訝そうな顔をしたのが引っかかったが、僕は続けた。

「設計書も三パターン作って持ってきているんですよ」

アポイントの日時が決まってから、業務の合間にその会社を調べた。

提案する商品はすぐに決まった。こうしたオーナー企業の社長が多く加入するタイプのポピュラーな商品だ。

プランは先方の意向もあるので、一応、三パターンのシミュレーションを作った。できれば、最も金額の大きいパターンで契約してもらいたい。

「そう、準備が行き届いているんだね」

それまでの穏やかな顔に戻っていた山野井さんだが、心なしか口調が平板になった気がする。

「いや、まあ、そんなこともないですけど……」

僕は少し照れながら続けた。

「このプランを成約できれば、僕にとってかなり大きな実績になります」

「……」

「どうしてもこれは取りたいと思っています。それに、先方の社長にとっても、絶対にメリットのある商品ですから」

僕は自信を持っているという姿をアピールした。

「問題は、僕の熱意がどれだけ伝わるかだと思います。アポイントの電話では、僕がそれほど言うなら会ってもいいとおっしゃっていました。今日の商談は、押しが重要になると思います」

電話のときの社長の声を思い出しながら言った。

「わかった。俺はキミの横に座るけど、商談にはいっさい口を挟まないから。気にしないでいつも通りすすめてくれていいからね」

「わかりました」

地下鉄が最寄り駅に着いた。

五分ほどだろうか、スマホの地図を見ながら歩いていると、信号の先に目指す会社が見えてきた。

「あそこですね」

赤信号で待っている間、僕は指をさして山野井さんに教えた。山野井さんを見ると、今までの目つきとはちょっと変わっていた。食い入るように建物を見つめ、あちこちに視線を送っていた。

門の向こうに見える建物はかなり古そうだ。都内に自社物件を持っているとはいえ、建て直しまではお金が回らないのだろうか。

信号が青に変わる。僕たちは歩き始め、門の中へ入った。

「おはようございます」

近くにいた作業服を着た従業員が、僕たちに挨拶をしてきた。僕は会釈をした。

隣から、大きな声が耳に入ってきた。

「おはようございます」

山野井さんが従業員の人に大きな声で挨拶を返したのだ。会社を出るときの「行ってきます」といい、今の「おはようございます」といい、山野井さんは元気な人だ。悪い気分にはならないが、僕はちょっと恥ずかしくてそこまではできない。

その従業員は、僕たちの前を歩いていった。途中、落ちていた小さなごみを拾い、工場の入り口の脇にあるごみ箱に捨てて中に入っていった。僕たちは工場の横にある事務所の入り口を目指した。

「さあ、行きましょうか」

僕は気合いを入れ直すつもりで声を出した。隣を歩く山野井さんに目を向けると、キョロキョロとあちこちを見回している。

「いいですか？」

「ん？　ああ、いいよ」

僕たちは自動ドアをくぐった。

第三章

やっぱ、営業は商談でしょ

受付の女性に導かれ、僕たちは一階にある応接室に通された。

応接室には、中央の白いテーブルを挟んで、黒革のソファが一組置いてある。建物の外観と同じで、決して新しいものではない。でも、僕の目から見ても、丁寧に磨き込まれているのがすぐにわかった。

「少しお待ちください」

女性が丁寧に頭を下げて出て行くと、僕はソファに座った。

腕時計を見る。約束の一〇時ぴったりだ。僕は鞄の中からプレゼン用に揃《そろ》えた資料を取り出し、テーブルの上に広げた。

山野井さんに話しかけられたせいで、予習ができなかった。今のうちにやっておかないと、スムーズなプレゼンができない。僕は資料に目を通しながら、プレゼンの進め方を頭の中で整理していった。

しばらくしてふと隣のソファを見ると、山野井さんがいない。

立ったまま、壁にかかっている額縁に入った書のようなものを読んでいるようだ。そのうち、書かれている言葉を口に出して読み始めた。最初は迷惑に感じていた僕も、その声が聞こえなくなるほど資料に没頭した。

「……くん、三井くん」

呼ばれて我に返った。

「すみません。資料を読んでいたので……」

まったく聞こえなかった。

「これ、何て書いてあるのかなぁ?」

僕は座ったまま壁にかかった書を見たが、崩してある文字で読み取れない。

「えーと……。すみません、僕もわかりません」

少し不機嫌な声を出しすぎてしまったかもしれない。しまったと思い、丁寧な言葉に変えて続けた。

「すみません、ちょっと資料に目を通していてもよろしいですか?」

「あ、ごめん、ごめん。邪魔しちゃったかな」

「いえ、大丈夫です」

そう言って、僕は資料に目を戻した。

ノックの音が三回鳴った。

僕はテーブルの上に広げた資料をひとかたまりにまとめ、居住まいを正した。山野井さんの声は聞こえなくても、こういう音には敏感だ。山野井さんは壁際に立ったままドアのほうを見ている。

「失礼します」

女性の声だった。やや間があって、ドアが開いた。案内をしてくれた女性が、お茶を運んできてくれたのだった。

いったん高まった緊張がほぐれた。

女性は少しためらったのち、座っている僕に先にお茶を出した。僕は資料に目を戻した。その間に、山野井さんがソファの近くに立った。女性が山野井さんの席にお茶を置くと同時に、山野井さんが口を開いた。

「いただきます」

山野井さんを横目で見ると、後輩の僕から見ても穏やかな表情で女性を見ている。

「すみませんが、ちょっとお聞きしてもよろしいでしょうか?」

「ええ、どうぞ」

ドアに向かおうとしていた女性は立ち止まり、山野井さんのほうに向き直った。山野井さんは書の前に立ち、字を指さしてたずねた。

「これは何という字でしょうか？」

山野井さんが判読できない字を指さして言った。

「それですか。それは『ゼンシャ』という字だそうです」

「ゼンシャ、ですか？」

「はい。すべてのことに感謝するという意味だそうです」

女性はそう答えた。

「へえ、『全謝』ですかぁ。とても達筆な字ですね」

「恐れ入ります」

「どなたの作品かご存じですか？」

「手前どもの社長の作品です」

「そうですか。お引き止めして申し訳ございませんでした」

「いいえ。でも、初めて聞かれました。勉強しておいてよかったです」

女性はニッコリ笑った。

「社長はまもなく参りますので、もうしばらくお待ちくださいませ」

深く頭を下げて女性が出て行った。

僕はもう一度腕時計を見た。一〇時五分になっていた。


それから三分ほど経っただろうか。再びノックの音がした。少しの間があって、今度は壮年の男性が入ってきた。

「いやあ、お待たせして申し訳ございません。社長の伊達《だて》でございます」

にこやかな表情で入ってくると、社長はテーブルを挟んだ向かい側のソファの前に立った。僕は立ち上がって社長を迎えた。

伊達社長は淡いグレーのスラックスをはいている。スーツの上着の代わりに、紺色の作業服の上着を着ていた。首元あたりから、白いワイシャツのカラーと薄い黄色のネクタイの結び目が見えている。

髪には白いものが交じっている。金縁の眼鏡を首からさげていて、それがピカピカと輝いて伊達社長の上品さをかもし出しているように見えた。

「本日はお忙しいところ、お時間をいただきましてありがとうございます」

僕はそう言って、スーツの左内ポケットから名刺入れを出した。

ビジネスシーンの常識では、上司の山野井さんから名刺交換するのが筋だが、山野井さんは社長に目礼し、僕が先に交換するよううながした。

いいのかなと思ったが、自分は黒子に徹するということなのかもしれない。

「三井と申します。今日はお目にかかれて光栄です」

僕は山野井さんの指示通り、先に切り出した。

「遅くなって申し訳ございません。伊達でございます」

僕と社長は、その場で名刺交換をした。

いつの間にか山野井さんは社長の横に移動している。それに気づいた社長もソファの横に一歩踏み出し、二人はかなり近い距離で名刺を渡し合った。

「山野井でございます」

「どうもご丁寧に」

「いいえ。本日はお忙しいところありがとうございます。二人で押しかけてしまいまして申し訳ございません」

「とんでもない。伊達でございます」

伊達社長は、二枚の名刺を見比べながらつぶやいた。

「……おや、三井さんと山野井さんは部署が違うようですが……」

「はい、手前ども内部のことで申し訳ございませんが、今日からしばらくの間、三井と私でチームを組むことになりました。ご迷惑かと思いますが、こちらにも同席させていただいております」

山野井さんが言う。

「そうでしたか。私は一人であなたがたチームと戦うんですね」

伊達社長はそう言い、山野井さんを見て笑った。山野井さんも大きな声で笑った。と思ったら、山野井さんが少しまじめな表情に変わって言った。

「いいえ社長、違います。私たちは社長と戦うつもりではなくて、協力させていただくつもりです」

山野井さんの言葉を聞き、「ほう」と感心したような顔をした伊達社長は、僕のほうを見て言った。

「なるほどそれは心強いですね」

一瞬で場がほぐれた気がする。

逆に僕の緊張は高まってきた。

初めてのお客さま、決めたい案件、しかも山野井さんに商談をチェックされるというプレッシャー。これで普段通りやれというのは無理な話だ。それでも口火を切らなければと身構えたとき、伊達社長が申し訳なさそうな口調で切り出した。

「遅れてきた上にたいへん申し訳ないのですが、本日は少々立て込んでおります。できましたら一一時には……」

「はい、お電話でも申し上げた通り、一時間いただければ十分です」

僕はそう言ってさりげなく腕時計を見た。一〇時一〇分だった。

提案する商品は決まっている。商品のプレゼンは、社長が検討する時間やある程度の決断をする時間を含めて五〇分もあれば十分だ。軽い雑談から入ったとしても、一一時過ぎには終わらせられるだろう。一〇分遅れてきたのだから、ほんの少しオーバーしても許してもらえるのではないか。

僕は、すぐに商品説明に入りたい気持ちを抑えて、セオリー通り雑談から入った。

「今日の朝刊の一面に出ていた通り、景気は相変わらず厳しいようですね」

「そうですね」

「御社の業界も、なかなか回復の見込みが立たないと書いてありましたが」

「そうなんですよ……」

「そんな中で長年好業績を続けていらっしゃる御社はどのような工夫を?」

「恐れ入ります。協力業者さまや従業員のおかげで、何とかやらせていただいております」

「でも、中小企業のみなさんにとっては、これからさらに強い逆風が吹いてくるのではないでしょうか?」

伊達社長は表情を変えずに話す。

「おっしゃる通りです。手前どもも、何か手を打っていかなければならないと痛感しているところです」

よっしゃあ、きたぞ。

「そこで、です」

僕は言葉に力を込めた。

「こういう厳しい時期だからこそ、伊達社長にご提案したい商品があるのです」

僕は用意した商品のパンフレットを伊達社長の目の前に広げた。

「……」

空気が変わって社長が身構えたのがわかった。

伊達社長は僕から視線を外した。視線の先は山野井さんの方向のようだ。

僕はじっと社長の目を見ていたが、やがて社長の表情はもとに戻った。手を伸ばして資料を手に取り、ソファに背をもたせかけた。首からさげていた金縁の眼鏡を手に取り、そっとかけてから資料に見入った。

僕もいったんソファにもたれて、伊達社長を待った。

伊達社長が前に乗り出してきた。

僕の話を聞こうという態勢になったようだ。さあ、ここからが勝負だ。

「商品のご説明をさせていただいてよろしいでしょうか」

僕の言葉に、伊達社長は表情を変えずにうなずいた。

僕も再び、前のめりの姿勢に戻った。パンフレットを指し示しながら、商品の仕組みについて、少し急ぎ足で説明していった。

ひと通りの説明を、伊達社長はパンフレットを見ながら黙って聞いていた。商品についての良さは、普段の練習の成果もあって我ながら上手に説明できたと思う。

よし、このタイミングだ。

「こちらをごらんください。伊達社長のプランをお作りして参りました」

僕は一番金額の高いシミュレーションを社長に手渡した。伊達社長は、ゆっくりとした動作で受け取り、眺め始めた。

「ずいぶんと大きな金額ですねぇ」

案の定の反応だ。でも、ここで引き下がってはいけない。

「みなさん最初はそうおっしゃいます。しかし、特に中小企業の経営者の方々には、このぐらいのものに加入している方が多くいらっしゃいます。

経営者の方は、それほどの責任を抱えていらっしゃいますし、代わりになる人物がほかにいないからです」

これは嘘ではない。

「それにしても、びっくりするような金額ですねぇ」

伊達社長は僕の言葉には反応しなかった。

「確かにそうかもしれません。だからこそ、伊達社長にお勧めしたいのです」

もう一押しだ。

「先ほど、社長は『好調な業績は従業員のおかげ』とおっしゃっていました。それをお聞きして思ったのですが、万が一業績が悪化した場合、伊達社長は真っ先にご自身の報酬をカットされる方だと思いました」

「経営者としては当然です」

「そのような場合、このプランがお役に立つと思います。これは、いわゆる掛け捨てではありませんので、解約したときに相応のお金が戻ってくる仕組みになっています」

「なるほど。それは心強いですねぇ」

よしよし、いい反応だ。

「いかがですか、社長」

僕は最後の詰めに入った。社長はシミュレーションを手にしたまま、もう一方の手でパンフレットに手を伸ばした。両手の資料を見比べながら、少しの間考えていた。

こういうときは、余計な口を挟まないのが鉄則だ。僕は待った。

「う〜ん」

社長は唸った。

「もう少し安いのはないのですか？」

「はい。もちろんあります。例えば……」

僕がほかのシミュレーションで作った提案書を出そうとすると同時に、伊達社長が腕時計を見た。

僕もそっと自分の時計を見ると、一一時を三分ほど回っていた。

「申し訳ありませんが、そろそろよろしいでしょうか？　先ほども申し上げましたが、次の予定が詰まっていますので」

伊達社長はそう言って、金縁の眼鏡を取った。この部屋に来たときのように、首からさげた状態にして、目の前の資料を片付け始めた。


最後の押しだ。

「社長、ぜひお手伝いさせてください。当社では……」

「少し考えさせていただけますか」

僕の言葉が終わらないうちに、社長が言葉を重ねてきた。少し強い言葉だった。

怒らせてしまったか？

恐る恐る表情を見ると、べつに機嫌を損ねているわけでもなさそうだ。まあ、これぐらいの強引さもときには必要だ。

「ぜひお願いいたします。今日はありがとうございました」

僕も資料を鞄にしまい、立ち上がった。伊達社長が先に立ってドアを開けてくれ、僕たちをうながした。

僕は「お忙しいでしょうから、こちらで失礼します」と言った。見送り不要のサインを送ったつもりだが、伊達社長は「まあ、まあ」と言って自動ドアの外まで見送りに来てくれた。

外に出てすぐ、僕は振り返った。

「本日はありがとうございました。またこちらからご連絡させていただきます」

そう言って頭を下げた。

この社長はいい人だ。きっと何かしらの契約には結びつきそうだ。

そんな気持ちだった。

「ありがとうございました」

伊達社長は、僕たちに深々と頭を下げた。横を見ると、山野井さんも同じ格好をしている。九〇度、時間にして五秒。

何なんだ、この二人は。

そういえば、山野井さんは朝のミーティングでもこんな挨拶をしていた。たぶん、さっきよりもずいぶん時間が長い。

こういうお辞儀を見ると、死んだ父さんを思い出す。

僕が子どものころ、父さんは自宅からそう遠くない工場で工場長として働いていた。

小さいころ、僕は父さんが大好きだった。

学校が早く終わる土曜日などは、家に帰るとランドセルを玄関に放り投げて工場まで走って行った。もちろん、工場に入ることはできないので、工場の前にある公園で遊びながら父さんを待ち、一緒に家まで帰るのが習慣になっていた。

小学校の低学年のうちは、父さんと帰るのがただ嬉しかった。しかし、だんだん大きくなって物心がついてくると、いろいろなことが見えてくる。

父さんは工場に来た人が帰るとき、外まで見送りに出てきた。今考えれば、それは取引先の人だったのだろう。父さんは出て行く人が見えなくなるまで、深々と頭を下げていた。

子どもにとって父親は、やはり強い男であって欲しかった。父さんが深々と頭を下げる姿を見て、子ども心に格好悪い人間に見えた。

ペコペコしている父さんが嫌だった。

小学生の僕にその意味がわかるはずはない。「僕はお父さんのようには、絶対にならない」と思うようになり、やがて工場にも行かなくなった。

営業マンになって、お辞儀をする機会が増えた。

でも僕は、父さんのようなお辞儀は絶対にしないと決めていた。それなのに、今日同じお辞儀をする人に二人も出会った。居心地が悪いというか、もやもやするというか、何だか変な気分になる。

社長のもとを離れ、会社の門に向かった。途中、山野井さんから肩を叩かれた。

「社長がまだ立っているよ」

振り返ると、伊達社長がまだ僕たちを見送っている。

「律儀ですね」

そう言って僕は、軽い会釈を返した。

門を出て曲がるとき、まさかと思ってもう一度振り返った。さすがにもう伊達社長の姿はなかった。


駅まで歩いて戻る道すがら、山野井さんが声をかけてきた。

「どうだい？　感触は」

「いけると思います。伊達社長にとって悪くないプランですから」

「そう」

山野井さんも喜んでくれているようだ。

「ええ、伊達社長の反応も、悪くなかったと思いますよ」

「その伊達社長だけど、キミにはどんな社長に見えた？」

「気さくで、感じのいい人でしたね。横柄なところがひとつもありませんでした」

「ほかには？」

「そうですねえ、腰が低い人でしたね。最後もずっと見送ってくれましたし」

「ほかには？」

「？」

これってテストなのか？

「えーと……」

「そんなところかな？」

もっと出さないとまずいかな。でも、そんなところしか思いつかない。商談のときの反応なら言えるんだけど。

「ところでさ、応接室に飾ってあった書、いつ書いたんだろうね？」

「書ですか？」

「うん、伊達社長が書いたっていうやつ」

「さあ？　いつでしょうね。けっこう昔じゃないですか」

なんでここまできて、あの書き物の話？

「それよりも、これだけ好感触だったんだから、すぐにでも押したほうがいいと思いませんか？　さっそく夕方にでも電話してみます」

「もう少し、伊達社長の話は聞かなくていいの？」

「大丈夫ですよ。もう少し安い金額のシミュレーションはないのって言ってたじゃないですか」

金額を下げるのは悔しいけど、少しぐらいなら妥協してもいいと思っている。

「確かにそう言っていたけど……」

「あれは、少し下げたら決断するってことだと思いますよ」

「そうかなぁ」

「そうですって。帰ったらもう一度シミュレーションを作り直してみます」

山野井さんが何を言おうとしていたのかわからないが、この商談を決めれば僕に対する見方も変わるはずだ。

このときの僕には見えなければいけないことが何ひとつ見えていなかった。

いや、自分のことしか見えていなかったんだ。

第四章

ま、明日からでいいか

第一週　火曜日

最後の商談が思ったより長引いたため、昨日は伊達社長に連絡を入れることはできなかった。

この日も電話はなかなかタイミングが合わず、ようやく通じたのは、結局すべての商談を終えてオフィスに戻った午後六時過ぎだった。

「昨日はお時間をいただき、ありがとうございました」

僕はまず、昨日のお礼を述べた。

「いいえ、何度もお電話をいただいたそうで、たいへん申し訳ございません」

やはり腰の低い社長だ。

「それで、昨日の件ですが、ご検討いただけましたでしょうか？」

「そうですね」

よし、声の感じからすると好感触だ。

「で、いかがでしょうか？」

「昨晩いろいろと検討しました」

「はい」

「確かに面白いご提案だと思うのですが……」

そこで言葉が切れた。金額が高かったのか。

よし、もうひと押ししなくちゃ。

「やはり、金額の部分ですね。おっしゃる通り高いと思いますが、もっとご負担の少ないプランもございます」

「いえ、現在の私には、少し合っていないのではないかと感じたんです」

まさか。

「わざわざおいでいただいて、たいへん心苦しいのですが、今回は見送らせていただけませんでしょうか」

え？　思わず聞き返しそうになってしまった。

これ以上ない提案のはずなのに。

「ちょ、ちょっとお待ちください」

動揺してはいけない。ここで簡単に引き下がるわけにはいかないぞ。こんなにいいお客さんを、そう簡単に諦めてたまるもんか。

「昨日も申し上げましたが、万が一に備えるのは経営者の責務だと思います。不透明な時代だからこそ備えをしておくべきではないでしょうか」

「……」

伊達社長の反応がない。迷っているのか？　もっと押さなければ。

「昨日のお話の中で、社長はもう少し安い金額のシミュレーションはないのかとおたずねになりましたね」

「ええ」

「いくつかパターンをお持ちいたしますので、再度ご説明させていただけないでしょうか」

「いや……」

「伊達社長、お願いします。私にもう一度お時間をいただけませんか？

今度は、ほんの三〇分で構いません」

頼む。

「……」

「時間も何時でも結構です。朝でも夜でも、社長のご都合のよろしい時間に合わせさせていただきますので」

「……」

頼む……。

「……わかりました。そこまでおっしゃるなら時間を作りましょう。ちょっと予定を確認しますので、少しお待ちいただけますか」

よし。セーフだ。

電話に集中していたので気づかなかったが、いつの間にか山野井さんが隣の席に座って自分のスケジュール帳を見ている。

「お待たせいたしました」

伊達社長が電話口に戻ってきた。

「来週の金曜日はいかがでしょうか」

「結構です」

「時間が遅くなってしまうのですが、午後六時で構いませんか？　週末の夜にお願いするのは失礼かと思いましたが、当面そこの三〇分しか空いておりません」

「社長、ありがとうございます。来週金曜日の午後六時にお伺いいたします」

「では、お待ちしておりますので」

「はい、よろしくお願いいたします。失礼いたします」

僕は社長が電話を切るのを待って、そっと受話器を置いた。


「ふぅ～」

思わず深いため息が出た。

隣に座る山野井さんが話しかけてきた。

「どうしたの？」

「すごく深いため息だったねぇ」

山野井さんはいたずらっぽく笑っている。

僕は山野井さんに電話の会話を要約して伝えた。

「なるほどね。伊達社長はなんで断ってきたんだろうねぇ？」

「それは、僕が提示した商品の内容やメリットが、うまく社長に伝わっていないからだと思います」

「そうかなぁ……？」

僕は、何か言おうとした山野井さんの言葉をさえぎった。

「現に、もう一度説明したいとお願いしたら、来週の金曜日にアポイントを入れさせてくれましたし」

「そっか。で、今度はどうするつもり？」

「そうですね。ですから、メリットを感じられるシミュレーションをもう一度練り直してプランを提示したいと思っています」

「プランを持っていくのかぁ……」

山野井さんの表情が、一瞬、くもったような気がした。

「と言いますと？」

「いや、伊達社長ってどんな人なんだろう」

ん？　何を言いたいんだ？　わからない……。

「まあ、僕の営業スキルが足りなかったんだと思います」

山野井さんは、にこやかに僕を見ている。何も言葉を発しない。

「じゃあ、ロープレをやって、もっと上手く説明できるようにしておきます」


ロープレとは、ロールプレイのことだ。

ウチの会社では、社内の営業マン同士で模擬商談を行い、問題点をあぶり出して改善することをよくやっている。僕自身は昨日の商談に問題があったとは思わないが、山野井さんはロープレをやらせたいと思っているのかもしれない。

「ロープレかぁ、懐かしいな。で、いつやるの?」

ほら、やっぱり。何だか張り切っているな。

「そうですね……」

やらなければならないこともたくさんあるし、今週、来週ともアポイントが詰まっている。商談は一〇日後だ。そんなに慌ててやる必要はないだろう。

「アポイントが一〇日後ですから、来週なかばあたりまでには」

「え? そうなの」

何だか山野井さんは不服そうな顔だ。でも、急ぐことじゃない。

「俺さ、今日はこのあと何もないから帰ろうと思っていたんだけど、キミのほうから何かあるかな?」

「いえ、特にありませんが」

「そう」

山野井さんは、少し疲れているような表情だった。メンターなんていう慣れない役回りを押しつけられて、さすがのスーパー営業マンも疲れているのだろう。

「じゃあ帰るね。お疲れさま」

山野井さんは手を上げて、ドアから出て行った。時計を見ると、七時を回ったばかりだった。


さて、どうするかな。

もちろん、片付けなければならない仕事はある。オフィスに残ってそれに取り組まなければならないのは重々承知している。

でも、せっかく決まると思っていた商談が決まらなかったんだ。

ムシャクシャした気分のまま仕事をしても、はかどるわけがない。そう決め込んだ僕は携帯を取り出し、大学時代の親友に電話をかけた。

「ああ、俺。忙しい？　今日は早く上がれそうだから、久々に飲みに行かないか？　大丈夫？　そう。じゃあ、いつもの店で」

今日一日の日報と、山野井さんから指導されたことを書き留めるために、僕はデスクの引き出しからノートを取り出した。

選ばれた理由はよくわからないが、せっかくメンターについてもらうなら、学ぶべきことは学んでおこうと考え直して買ってきた。しかしながら、この二日間で山野井さんにこれといって教わったことはない。メンター制度って、こんな調子でいいのだろうか、ほとんど書くことはないな……。


ノートを再び引き出しにしまい、デスクを軽く整頓した。

「お先に失礼します」

僕は近くにしか聞こえない声でそう言った。

このときの僕は、このノートがのちに宝物になるということは考えてもいなかった。

第一週　水曜日

翌日、この日最初の商談の相手は、超多忙なビジネスパーソンの田中《たなか》さんだった。誰もが憧れる超一流商社の課長で、僕の大学のクラブの後輩に、高校時代の先輩ということでなかば強引に紹介してもらった人だ。毎日夜遅くまで仕事をしているということで、空いているのは始業前しかない。

時計を見た。時刻は八時一〇分。約三〇分間が勝負の時間だ。僕が待ち合わせ場所のカフェに行くと、すでに山野井さんが紅茶を飲んでいた。

「おはよう」

相変わらずにこやかな山野井さん。

「あれ？　何だか疲れた顔してるねぇ」

昨日の深酒がばれたか？

「そうですか？」

「遅くまで仕事したの？」

「いいえ、それほどでもないですけど……」

何となく、あの後すぐに帰りましたとは言えなかった。

「そう。で、どんな感じだった？」

「え？　どんな感じって……」

「どんな問題点があった？」

「問題点ですか？　え？　これから会うお客さまのですか？」

「違う違う。ロープレの話だよ」

えっ？　昨日の今日ですよ。

「あ、いいえ、まだやっていませんが……」

「そうなの？」

驚くようなことですか？　アポイントは来週ですよ。

思い切ってそう言おうとしたとき、田中さんがカフェに入ってきた。後輩から写真を見せてもらっていたので、すぐにわかった。

僕は入り口まで駆け寄り、名前を名乗って席に案内した。

「コーヒーでよろしいですか?」

僕は飲み物を買いにカウンターへ走った。注文した品を持って戻ろうと席を見ると、田中さんと山野井さんが昔からの知り合いのように仲良く話をしている姿が見えた。

軽い嫉妬を覚えた。

確か昨日もそうだった。山野井さんは伊達社長と名刺交換をしたあと、すぐに打ち解けたように話をしていた。

僕にはそんな芸当はできない。

山野井さんの凄さというのは、そういうところなんだろうか。

「お待たせしました」

僕はコーヒーをテーブルに置くと、小さな声で名刺を差し出した。こういう場で大声で名刺交換するのは恥ずかしいし、相手にとっても嫌なものだ。

「お忙しいところ本当に申し訳ございません。お時間もないようですから、さっそくご提案についてお話しさせていただきます」

商談はうまくいったと思う。

田中さんが、最初に何か言いたそうにしていたのは気づいていた。でも、時間がないからとにかく先に商品の説明だけはしなければと思っていたので、僕はとにかくしゃべりまくった。

後半になると、相手がソワソワしているのが気になった。

まあ、朝のあわただしい時間だから当然だろう。とはいえ、こちらが伝えるべきポイントはすべて説明しなければならない。理解力が高いからたぶん大丈夫なはずだ。そう思って、ひたすら説明を続けた。ときおり挟んでくる質問もポイントをついたものだったので安心した。

田中さんは、検討して明日返事をすると言ってくれた。きっと家族にでも相談するのだろう。

「どうだい、感触は?」

お客さまを見送ったあと、僕たちはカフェで残りの飲み物を飲んだ。そのとき、山野井さんがそう聞いてきた。

「商品のメリットは、十分理解してもらえたと思います」

「そう？　だいぶ急ぎ足で説明していたけど」

「忙しい人なので仕方ありませんよ」

「でも、質問された内容は、商品をしっかり理解していないとできないものでした。さすが優秀な人は違いますよね」

「最初に何か言いたそうだったんじゃない？」

「はい。それは僕も気づいたんですけど、とにかく時間がないので、説明だけはしなければと思いまして」

「そうか……。最後もソワソワしていたよね？」

やっぱり同じことを気づいていたんだ。

「ええ。それもわかっていました。でも、まあ仕方がないですよ。朝のあわただしい時間帯ですし、そもそも時間がないのは事実ですから」

「ふーん」

何が言いたいんだろう。山野井さんは、僕の言葉に「そう」とか「ふーん」とか言うだけで、昨日から何もアドバイスを言ってくれない。

山野井さんはぬるそうな紅茶をすすり、黙ってしまった。僕も冷えたコーヒーを流し込み、沈黙をやり過ごした。

「ところでさ、今日はこれからちょっと別行動にさせてもらっていいかな？」

山野井さんはいつもの穏やかな口調でそう言った。

「もちろん、構いませんよ」

正直、ちょっとホッとした。いくらメンターとはいえ、一カ月間ベッタリ張りつかれると息が詰まる。

「紹介してくれたお客さまと一緒だから、キミを連れて行けないんだよ。ごめんね」

そう言って山野井さんはトレーに二人分のカップを載せ、席を離れた。

僕が捨てますからと言ったのに、山野井さんは「いいから、いいから」と持って行ってしまった。

次のアポイントに向けて、僕も地下鉄の駅に向かった。

この日最後のアポイントは、夕方の六時だった。

夕方といっても、一〇月の六時はすでに薄暗い。それなのに、僕はこれから商談に臨もうとしている。自分とは違って早い時間に帰途につく人々を見ると、昔はそれが「働いている」という実感になったが、最近では何だか虚しくなってくる。

今日の相手は、古くからの友人だった。

別れ際、飲みに行かないかと誘われたが、予定があるからと丁重に断った。

腕時計を見た。午後七時二〇分を少し回っていた。僕はスマホを取り出し、登録してある山野井さんの番号に電話をかけた。


「お疲れさまです。三井です。今、大丈夫ですか？」

「ああ、いいよ。お疲れさま」

いつも山野井さんの声は穏やかだ。

「今日は朝から、四件の商談が続きました」

「やるねぇ」

つい昨日会ったばかりなのに、何だか不思議な人だ。

「ありがとうございます。それで別件ですが、契約が決まっていた新婚のお客さまから直前にシミュレーションを変更して欲しいという依頼を受けました」

「へぇ、どういうこと？」

「ちょっと電話では説明しにくいので、直接お話しします」

「そう。わかった。待ってるよ」

まずい。

「いえ、その……明日お話しします」

「明日？　今日じゃなくって？」

「はい。実は、今日は予定がありまして……。それから会社に戻ったら九時近くになってしまいますから」

「うん。俺は構わないよ」

いや、そうじゃなくて。

「山野井さんにお待ちいただくのは申し訳ないので、今日はこのまま失礼させていただこうと思ってお電話したんですが」

「そうなんだ」

何だかヤバい雰囲気になってきたぞ。

「ところでさ、そのシミュレーションは明日でいいの？」

「ええ。明日、山野井さんにご相談したあとに作ろうと思っています」

「ふーん」

早いところ切らないと、戻らなければならなくなりそうだ。

「ほかに急いでやらなければならないこともないので……」

「……」

山野井さんの言葉が止まった。

「……わかった。じゃあ、俺も帰るね」

ふう。

「お疲れさまでした。明日、よろしくお願いします」

電話を切った。一〇月だというのに、脇に汗をかいていた。たかだか直帰の連絡をするのに、こんなに緊張したのは初めてだ。

それよりも、急がなければ。

昨日彼女とメールをしていたら「行ってみたいレストランがある」ということで一緒に行くことになっていた。一〇分以上の遅刻だ。

僕はメールで遅れると送信した。すぐに返ってきた彼女のメールには「じゃあ、今日はご馳走《ちそう》してもらうからね」と書いてあった。まあ、仕方がない。

店を出て彼女を駅まで送り、僕が家に帰り着いたときには、すでに午前〇時を回っていた。

玄関の扉の上に取りつけられた電灯の明かりがついている。

いつものことだ。

大学生、社会人になって帰りが遅くなることが増えたけれど、どんなに遅くなっても、この明かりが消えていたことは一度もない。

家の中に入ると、奥に見えるリビングの扉の隙間から、オレンジ色の明かりが漏れている。

やっぱり、まだ起きていたか。

リビングの扉に近づくと、深夜テレビの音が聞こえる。夜中なので、僕は驚かせないようにそっと扉を開けた。

「ただいま」

声をかけると、扉に背を向けてソファに座っていた母さんが、テレビをつけたまま雑誌を読んでいた。扉の開く音に振り返った母さんは、少し笑ってこちらを見た。

「おかえり。遅かったわね」

「ああ」

「今日もお疲れさま。ご飯は？」

そう。僕の帰りがどんなに遅くなっても、母さんは必ず食事を用意して待っている。テーブルに置いておいてくれれば、自分で勝手にやるのに。

「今日は外で食べてきた」

「そう」

「明日の朝食べるよ」

「そうね、じゃあ冷蔵庫にしまわなくちゃ」

それだけ言って立ち上がると、母さんはキッチンに消えた。

こんなとき、普通なら「何よ、もう。食べないのなら、電話ぐらいしてくれればよかったのに」と嫌味のひとつでも言われても仕方がないところだ。でも、母さんからそういうことを言われたことは一度もない。

ごめん、母さん。今日はデートをしていました。

何となく本当のことは言い出しにくく、僕はそのまま二階の自分の部屋に上がろうとした。

「お風呂沸いてるわよ」

階段を上がりかけたとき、キッチンから母さんの声が追いかけてきた。

「わかった」

「じゃあ、母さん先に寝るわ。お風呂のスイッチを切るの、忘れないでね」

「ああ」

「おやすみ」

母さんがリビングの隣にある和室に入る気配が感じられた。

「おやすみ」

僕の声は、母さんに届いたかどうかわからない。

第五章

そんなつまらないこと頼めませんよ

第一週　木曜日

山野井さんの指導を受け始めて四日目のこの日、僕は午前中のアポイントがひとつも入っていなかった。

月曜日から山野井さんと四六時中顔を突き合わせて仕事をしていたので、事務処理は溜まる一方だった。いい機会だ。僕は溜まった事務仕事を片付けてしまおうと考えていた。

午前中のオフィスには、事務スタッフ以外にほとんど人はいない。

営業マンは商談をしてナンボ、残っているのは僕と山野井さん、それにトップ争いをしている吉満さんと若杉さんがいた。悪いことに、同期の清宮もデスクにいる。三人とも電話をかけたり、パソコンに向き合って何かをやっている。

一〇時半を回ったころだろうか。

山野井さんが僕のデスクに近寄ってきた。

「そういえば、昨日の電話で新婚のお客さまにシミュレーションの変更を頼まれたって言ってたよね。あれはどういう話なの？」

「ああ、あれはもういいんです」

「え？　どういうこと？」

「いろいろ考えたんですけど、言われる通りのプランに変えてしまうと、かえってお客さまにとってのメリットが少なくなってしまうんです」

「そうなんだ」

「ええ。そのあたりのことをもう一度しっかりと説明して、納得していただきますから」


昨日、僕は薬丸《やくまる》さんという若い新婚のご夫婦と会っていた。

場所はこぢんまりしたカフェだ。会うときは必ずそこを指定された。僕は何度か通い、商品の内容やメリットについて説明した。

旦那さんからは、細かい点についていろいろと質問された。ちょっと面倒くさいと思ったけれど、僕はそのひとつひとつに丁寧に答えた。前回の訪問のとき、ようやく旦那さんが契約の意思を固めてくれた。昨日は、契約書にサインをしていただくために同じカフェで待ち合わせをしたのだ。

僕の提案したプランは、掛け捨てのものと貯蓄型のものの二種類の商品で構成されていた。

若い夫婦にはぴったりのプランだ。僕は自信を持ってお勧めした。

それなのに、いざ契約という段階になって、旦那さんがプランの内容を変更したいと言い出したのだ。

僕はあせった。と同時に、少しイライラした。

申し入れ通りにプランを変更すると、掛け捨ての金額が増えて貯蓄性が低くなってしまう。ご夫婦にとってやっぱり貯蓄性が高いほうがいいに決まっている。ほとんどの若い夫婦がそれを望む。さんざん説明して、旦那さんも納得していたはずだ。

「それでいいの？」

プランを変えないと言う僕の言葉に、山野井さんが怪訝そうな顔をしてたずねてきた。

僕は自信を持って答えた。

「大丈夫です」

旦那さんは、少し勘違いをしているのだろう。もう一度しっかりと説明すれば、僕のプランが良いことはわかってもらえると思っていた。

「何でその旦那さんは、そうおっしゃったんだろう？」

「さあ？　十分説明したんですけどね」

「誰かに相談してみた？」

山野井さん、こんなこと相談するまでもないことだと思いますが。

「こういうケースを経験している営業マンだっているかもしれないよ」

「……」

「お客さまには、いろいろな考え方をする人がいると思うんだけど」

それはわかっているけど、このケースは明らかにお客さまの理解力不足だ。それに、誰に相談しろっていうのだろう。

「誰かって誰ですか？」

「三井くん、キミはラッキーだよ！　吉満くんも若杉くんもオフィスにいるじゃん」

「そんなことできませんよ！」

僕は即座に否定した。

トップを争う二人に、こんなつまらないことを聞けるわけがない。あんなに忙しそうにしている人の仕事の邪魔をしたら、あとで何を言われるかわからない。それに、こんなに低レベルなことを質問して、バカにされるのも嫌だ。

「どうして？」

「お二人とも忙しそうですし、ご迷惑ですよ……」

「迷惑？　そうかなぁ」

山野井さんは、またオフィスをキョロキョロ見渡し、ニヤリと笑った。

「清宮くんもいるじゃないか！　同期なんだろ？」

もう勘弁してくれ！

「遠慮して先輩に聞けないなら、同期だったら気兼ねなく聞けるんじゃない？」

どんなことがあっても、清宮にだけは聞きたくない。そんなことをしたら、僕のプライドをズタズタにするようなことを言われるに決まっている。

「アイツだって忙しそうじゃないですか。何せ、支社で三位なんですから」

「だから聞くんでしょ？」

だったら、山野井さんが僕に何かアドバイスしてくれればいいじゃないか。なんで清宮の名前なんか出すんだ。

「僕は人に相談するまでもないと思っていますから」

「どうして？」

「要するに、旦那さんが理解していないだけなんですよ」

「そっか……」

山野井さんの声のトーンが、一気に沈んだように感じられた。

「ところで、次はいつ行くの？」

「再来週の金曜日です。旦那さんが、その日しか時間が取れないそうなので」

「ふーん。そっか」

山野井さんの的外れなツッコミに対するいらだちに、僕の心はザワザワしていた。

山野井さんが、ふと気づいたように表情を変えた。

「それじゃあさ、旦那さんに理解していただくためにも、ロープレやらなきゃね」

また始まった。

「今がチャンスなんじゃない？」

「どういうことですか？」

「この偶然を生かさないでどうするんだ、キミは！　優秀な三人がいるじゃないか！」

この人は、何てことを言い出すんだ。

「そんなこと、できるわけないじゃないですか！」

さっきよりも、つい大声が出てしまった。手のひらに汗がにじんできた。

「え？　また『できるわけない』なの？」

「当たり前ですよ。トップ争いをしている人たちに、そんなこと頼めるはずがないじゃないですか」

「どうして？」

わからないのか、この人は。

「ロープレがどれだけ時間をつぶすことになるかぐらい、山野井さんだってわかっていらっしゃいますよね？」

「知ってるよ。一時間くらいでしょ？」

「一時間も、ですよ。そんなに長い時間を、あの人たちから奪うことなんかできるわけないです」

「そうかなぁ」

「さっきの質問をすることだって迷惑なはずなのに、それ以上に時間がかかるロープレなんかにつき合わせるわけにはいかないです」

「……」

「ロープレは来週までに必ずやりますから！」

というか、山野井さんはロープレの相手をしてくれる気もないのか？

僕を指導する気があるんだかないんだか、さっぱりわからなくなってきた。


「あの……」

「ん？」

「そろそろ事務処理を片付けちゃいたいんですけど……」

「ごめんごめん」

そう言った山野井さんは、オフィスの外に出て行った。何とか午前中のうちに終わらせよう。パソコンに向かった僕は気持ちを切り替えるために深呼吸をした。

午後の外出から戻ったのは、六時半を回っていた。

三件の商談は、どれも反応が悪かった。同行した山野井さんも、商談については特に何も言わなかった。

こういう日もあるさ。

僕は頭を切り替え、日報や細々とした雑務を処理して帰り支度を始めた。この日は、午後七時から山野井さんの歓迎会を兼ねた支社の飲み会が予定されていた。

「キミは参加するの?」

隣に座っていた山野井さんが言った。

「当たり前じゃないですか。メンターの山野井さんの歓迎会なのに、教えていただいている僕が行かなくてどうするんですか」

「そんなことで気を使ってくれなくていいんだけど……」

「何を言ってるんですか！

山野井さん、僕はこういう飲み会には出るべきだと思うんです。こういう場でコミュニケーションを取らないと、仕事が円滑に進まないですから」

「そうかぁ。でも、仕事はいいの?」

「大丈夫です」

「仕事を優先してくれていいからね」

「いくら仕事が優先だからといって、支社の飲み会にも出ないで営業をやっているのはどうかと思います」

僕は清宮をイメージして言っている。

ここ一年ほど、ヤツは仕事が忙しいからと飲み会に出てこなくなった。一時期の吉満さんや若杉さんもそうだった。最近こそ二人は出てくるようになったが、優秀だからといってそういうことが許されるのはどうも納得がいかない。

「ところでさ、昨日の朝カフェで会った商社の田中さんはどうなったの？」

せっかくの飲み会を前にして、嫌なところをついてくる人だ。

「明日報告しようと思っていたんですけど、断られました」

「やっぱり」

「え？　やっぱりって、どういうことですか？」

「いや、何でもない。で、理由は？」

釈然《しゃくぜん》としなかったが、時間がない。他の人たちは飲み会に行くためにオフィスを出て行っている。

「奥さんの親族に同業者がいるそうなんです。今まで入っている保険も、すべてその人のところでの契約だと言われました」

「なるほど」

「まったく、最初に言ってくれればよかったんですよ。そうすれば、時間をムダにしなくて済んだのに」

「時間のムダ？　そんなことないんじゃない？」

「奥さんの親族ですよ？　それは無理ってもんですよ」

「そうかもしれないけど、せっかくご縁ができたんだから、これっきりにしなくてもいいんじゃない？」

ここで話していてもきりがない。

「山野井さん、その話は明日にしましょう」

エレベーターホールに足を進めながら言った。

一足先にエレベーターに乗った僕は、さっきの言葉を心の中で繰り返した。

ご縁ねえ。

山野井さんの言うように、また会う価値はあるのかもしれない。けれども、すぐに実を結ぶような案件にはならないだろう。今の僕にとって、気合いを入れて追いかけるべきお客さまではないことだけは間違いない。

入社して間もないころはいつか契約できるかもしれないと、こういうケースでも関係を維持した。でも、今まで一度だって結果につながったためしがない。山野井さんの言うことは、理想論にすぎない。

僕はご縁などという言葉を頭から追い払い、飲み会で何をしようか考え始めた。

会場の居酒屋に入ると、やはり清宮は来ていなかった。今日は吉満さんも若杉さんもまだ来ていない。

少し気分が悪くなった僕は、モヤモヤしたものを吐き出すように弾けまくった。

ちょっと疲れてきたころ、ちょうど山野井さんのいるテーブルにたどり着いた。僕は山野井さんのグラスにビールを注ぎ、自分のグラスを当てて言った。

「これから一カ月、じゃないか、あと三週間、よろしくお願いしまーす」

ロレツが回っていなかったかもしれない。でも、飲み会の席だし、まあいいか。

「至らない点は、どんどん指摘してくださーい」

山野井さんはテーブルの上に置いてあった瓶ビールをつかむと、僕のグラスに注いでくれた。

「あざーす」

そう言って一気に飲もうとしたら、山野井さんに止められた。

「ゆっくり飲みなよ」

「ふぁーい」

「ちょっと酔っているみたいだけど、大丈夫？」

「はい、大丈夫れす」

少し間があいたあと、山野井さんが続ける。

「こんなときに悪いけど、俺さ、明日は朝から別件があるから、一緒に動けないんだ」

「そうですか、わかりました」

「それで四時からの俺のアポイントに付き合ってくれないかな？」

「山野井さんのお客さまですか？」

「うん、でも初めて行くところ」

そうか、ついに伝説の営業マンの商談が見られるのか。

「楽しみです。しっかり勉強させていただきます」

そう言うと、急に少し酔いがさめた気がした。

山野井さんは一次会で帰った。帰り際、今日はありがとうと、参加した同僚の一人ひとりに頭を下げていた。

僕は二次会のカラオケボックスでも率先して盛り上げ役に回った。そこでほとんどの人は帰ったが、僕は三次会でも痛飲し、家に帰ったのは午前二時前だった。

玄関の扉の上の電灯は、この日もついていた。

とにかく眠くて眠くて仕方がなかった。酔いのせいなのか眠気のせいなのかわからないが、やたらと足元がふらつく。家に入ると、珍しく玄関に続く廊下まで母さんが出てきていた。

「おかえり」

「だいぶ酔ってるみたいね？　大丈夫？」

「大丈夫だよ」

「お水でも飲む?」

すぐに戻ってきた母さんの手には、僕のマグカップが握られていた。僕は渡されたカップを両手で持ち、一気に飲み干した。飲み終えると母さんに渡して言った。

「早く寝たほうがいいんじゃない? 明日も仕事早いんでしょ?」

「そうだけど。あなただってそうでしょ?」

「……」

「お風呂はやめときなさいね。お風呂で寝ちゃったら、風邪引くから」

「わかった。もう寝るよ」

「おやすみ」

母さんは寝室に入っていった。僕もふらつく足で階段を上がり、部屋のドアを閉めると、スーツの上着を脱ぐだけが精いっぱいで、そのままベッドに倒れ込んだ。

第六章

伝説の営業マンって
そんなもの？

第一週　金曜日

今日の午前中は平穏な時間が過ぎた。山野井さんがいないおかげで、余計な気を使わずにすんだ。

ふう、一週間も経っていないのに、こんなにのんびりしたのは何だか久しぶりのような気がする。

時計を見ると、一二時一〇分前をさしている。僕は仲の良い先輩と後輩に声をかけた。

「そろそろ行きますか」

ランチの時間だ。

オフィス街では、一二時になってから会社を出たのでは店が混雑してしまう。僕たちはいつも一〇分前にオフィスを出る。

連れ立って出かけるのは、だいたいいつも決まった顔ぶれだ。仲の良いメンバーが六人いて、その日会社に残っているメンバーが自然と集まる。昼休みぐらい、気心の知れたメンツでのんびり気楽に過ごしたい。

僕たちのランチタイムは、くだらないおしゃべりで過ぎていく。

いつのころからか、食事をしながら仕事の話をすることはなくなった。


そのまま外出する人と店で別れ、僕は一人でオフィスに戻った。

ビルの自動ドアを通り抜け、エレベーターホールの近くまで来たところで、上りのエレベーターの到着を知らせるランプが点滅しているのが見えた。

急ぎ足で行けば間に合う。

僕はそう感じ、歩くスピードを速めた。エレベーターに乗り込む人たちの後ろ姿が見える位置まで来たところで、僕はスピードを緩めた。最後尾に、支社の営業マンの中でトップを走る吉満さんが見えた。

このまま乗れば、吉満さんと密着することになる。

そうなると、何か話さないわけにはいかない。

何となくだけど、そうなるのは嫌だ。というか怖い。

冷静を装い「次のエレベーターに乗ります」という雰囲気をかもし出しながらゆったりと歩いた。

早く閉まれ。

心の中ではそう念じながら、表情はまったく変えていない。

幸いなことに、まだ吉満さんはこちらを振り返ってはいない。

扉は閉まった。

閉まる間際に吉満さんと目が合った気がしたが、たぶん気のせいだろう。


午後三時三〇分。

山野井さんとの待ち合わせは、駅のそばにある古びた喫茶店だった。

山野井さんはすでに来ていた。紅茶を飲みながら、何か資料のようなものに目を通している。

「どうだった？」

「は？」

また唐突に。

「午前中にやったんでしょ？　ロープレ」

またロープレか。今日会って最初の話題がロープレだなんて、山野井さんにとってロープレはそんなに大事なことなんだろうか？

「ああ。それならいくつか課題を指摘されましたけど、うまい対応をしていると評価してもらえましたよ」

「課題って？」

「僕には、相手の話が終わる前にかぶせるように話を始めるくせがあるそうです。もう少し間を取ってゆったり話したほうがいいと」

「なるほど。ほかには？」

「あとは、小さなことです。資料の見せ方とか」

「ふーん」

時計を見ると一五分前だった。

山野井さんも支度を済ませ、僕たちは外へ出た。お客さまのところへ歩きながら、山野井さんが話の続きを始めた。

「ロープレを見てくれた末永《すえなが》くんって、キミの新人の頃のトレーナーだよね？」

「ええ」

「今でも仲がいいの？」

「そうですね」

「末永くんって、キミより実績を上げている人だっけ？」

「ええと、いや、ここ三年は僕のほうが上かもしれませんね」

「そうなんだ」

「でも、大きな案件をドタキャンされたり、ご自身が体調を崩されたりして、ちょっと不運が続いているだけだと思いますよ。誠実な人柄で、お客さまにも末永さんのファンは多いんですよ」

でも、山野井さんの言うことは事実だった。確かに最近の末永さんは、昔の末永さんとは言えない。僕の目から見ても、ここ数年明らかに調子を落としている。

だから何だ。

末永さんから受けた指摘は的確だったと、僕は思っている。


「今日は車で来てるんだよ。これから行く先が、車じゃないと不便だからさ」

山野井さんはパーキングの隅にある精算機に向かい、しばらくして戻ってきて、運転席に乗り込んだ。

僕は「すいません」と言って助手席に座った。山野井さんは車のエンジンをかけてシートベルトを締めると、ついていたカーラジオのスイッチを切った。

車の中で、これから会う人が、山野井さんのお客さまから紹介された人だと聞いた。山野井さんはよくお客さまから知り合いを紹介されるという。

どんな営業でもそうだと思うが、紹介でお会いする商談は話がスムーズなだけでなく、契約まで至る確率が高い。理想的なお客さまの広げ方だ。

同じ商品を売っているのにどうしてそんな違いが出るのだろう？

これからの商談でその片鱗《へんりん》が見られるかもしれない。

そんなことを考えていると、目的の会社に着いた。

山野井さんは右折のウインカーを出し、車が切れると構内に車を乗り入れた。

左手に正面玄関が見えた。その脇に、地面に白い字で来客用と書かれた駐車スペースが空いている。ところが、山野井さんはそこを通り過ぎてしまった。

あれ？　見落としたのかな？

いや、あんなに目立つ場所にあるのだからそんなはずはない。

山野井さんはさらに道なりに車を進めていくと、どん詰まりの一番奥に空いているスペースに車を停めた。


車を降りて歩きながら山野井さんに言った。

「来客用駐車場空いてましたよ」

山野井さんはちょっと微笑みながら、

「わかってるよ。でも俺たちはお客さまじゃないだろう?」

と、当たり前のような顔で言った。

「あそこは来客用。俺たちは営業に来た訪問者でしょ」

なるほど。そんな考え方をしたことがなかった。

言われてみれば当たり前のことかもしれない。でも今までの自分はそんなことを考えもしなかった。

自分が今まで来客用駐車場に停めていたことがわかってしまうのが恥ずかしくて、僕は山野井さんの横をそのまま歩き出した。

正面玄関から中に入ると、受付代わりの台が置いてあった。人はいない。電話機が置かれていた。

「お世話になっております。〇〇生命の山野井でございます。海老沼《えびぬま》さんでいらっしゃいますか。……。はい、受付におります。……。かしこまりました。よろしくお願いいたします」

受話器を置いた山野井さんは、僕を見て言った。

「すぐに降りてくるって」

山野井さんを見ると、リラックスしてどこにも力が入っていないように見えた。さすがは百戦錬磨の営業マン。僕だったら待っている間はあれこれ考えて緊張するのに。

奥のほうからバタバタと足音が聞こえた。

「山野井さんでいらっしゃいますか？　海老沼でございます」

海老沼と名乗ったその人は、快活な口調が印象に残る人物だった。山野井さんと同じか、もしかすると年下だろうか。四〇代前半、いや三〇代に見える男性だった。

「こちらへどうぞ」

しばらく歩いた先にある小部屋に僕たちを招き入れ、少しお待ちくださいとどこかへ去っていった。

部屋に入ると、山野井さんはイスの前に立ったまま相変わらずキョロキョロと部屋の中を見回している。今日はプレゼンがないから、僕も山野井さんと同じように部屋の中を見た。でも、絵と花が飾られているだけの、どこにでもあるようなへんてつのない応接室だった。

「お待たせいたしました」

ノックの音に続いて、海老沼さんがお盆をさげてドアから入ってきた。紙コップが三つ載っている。海老沼さんはテーブルに紙コップを置きながら言った。

「ウチは受付を置いていないんですよ。お茶出しも、社員が自分でやるんです」

「社長にお茶を出していただくなんて、かえって申し訳ありません」

山野井さんはそう返した。

へえ、この若さで社長なんだ。意外に思った僕は改めて海老沼社長を見た。

「あっ、立たせたままですみません」

そう言うと、海老沼社長はポケットから名刺を取り出した。

山野井さんは、すぐに海老沼社長のそばに回り込んで名刺交換をした。この前の商談のときもそうだったっけ。何となく僕もそうしなければいけないような気がして、海老沼社長のそばに寄った。

「三井と申します。山野井の下で勉強しております。よろしくお願いいたします」

「いいえ、こちらこそよろしくお願いします。僕は山野井さんとは初めてですけど、尊敬する先輩から素晴らしい方だと聞いています。僕も今日は山野井さんから勉強するつもりで、お会いさせていただこうと思ったんです」

海老沼社長はそう言うと、僕たちにイスに座るようすすめた。

さすが伝説の営業マンと言われるだけのことはある。お客さまから「勉強する」だなんて、僕なんか一度も言われたことがないのに。

すぐに海老沼社長は視線を山野井さんに戻した。

「ですが、実は急な出張が入ってしまいまして、あまりゆっくり時間を取ることができなくなってしまったんです」

海老沼社長は申し訳なさそうに言った。それで慌てて下りてきたのか。

「でも、一時間は大丈夫ですので、お気になさらないでください」

山野井さんはそれを聞き、

「そんなにお忙しいところ、お時間を取っていただきましてありがとうございます」

と、ゆっくりとした口調でお辞儀をしながら答えた。


こういう状況では、さっそく商品の提案に入ったほうがいい。

そのほうが、先方は申し訳ないという思いから話をしっかり聞き、いつも以上にこちらの問いかけに答えてくれるはずだ。

当然、山野井さんもそういう進め方をするのかと思っていたが、いつまでたっても本題に入らない。

「あそこに飾ってある絵のサインに『けんじ』と入っています。もしかしたら、社長がお描きになった絵ですか？」

「お恥ずかしいのですが、実はそうなんです」

「絵のモデルはどなたですか？」

「恥ずかしいんですが、あの肖像画は先代の社長、つまり父なんです」

「え？　お父様の肖像画を息子さんがお描きになるなんて珍しいですね」

「実はあれ、父が亡くなってから描いたんです。私は父からこの会社を引き継ぎました。そのとき、父に恥じない経営をしようと絵を描きながら心に誓ったんです」

「すごい！　すてきです！」

山野井さんが背筋を伸ばして声を大きくして言った。

「お父様はどんな経営者だったんですか？」

「こんな話、していいんですか？」

少し違和感を持ったようだが、海老沼社長は父親の話を続けた。

「父はとにかく従業員を大切にしてきました。どんなに厳しいときでも、従業員をクビにしたことは一度もありません」

「素晴らしい方ですね」

「しかし、昨今は非常に厳しい経営環境です。もちろん私も従業員の生活を守っていきたいと考えていますが、一方では、従業員のモチベーションが下がっているような気がしてならないんです」

「難しい時代ですからね」

「そうなんですよ」

と、従業員のモチベーション向上に取り組んでいることについての話が続いた。もはやそこに保険の「ほ」の字もない。海老沼社長の話がひと通り終わったところで、山野井さんが口火を切った。

「もしよろしければ……」

いよいよ本題か。

「私が今まで聞いてきた従業員のモチベーションを上げる施策をお話ししてもいいですか？」

「ぜひお願いします」

「ある会社では……」

ガクッ。保険の話じゃない。山野井さんはいったい何をやっているんだ。

時刻はもう四時二五分だ。海老沼社長はそんなにのんびりしていられないと言っていたじゃないか。それなのに、山野井さんは僕の横で従業員のモチベーションを高めるイベントとやらを熱心に語っている。

確かに、海老沼社長は山野井さんの話に引き込まれているようだ。この二人の距離はみるみるうちに接近しているようにも見える。だとしても、本題の保険の話をしなくてどうするんだ。僕たちは世間話をしに来たのではない。

「いやあ、山野井さんありがとうございます。すごく参考になりました。当社でもやってみようと思うんですが、その会社の社長さんにひと言申し上げておいたほうがよろしいでしょうか」

そのとき、コンコンとドアをノックする音がして女性が入ってきた。女性が差し出したメモを見ながら「わかった」と言ってうなずくと、海老沼社長はこちらを見て「すみません……」と話を戻そうとした。

「大丈夫です。そういうことをおっしゃる方ではありませんし、次にお会いしたときに私のほうから申し上げておきますから」

「そうですか。何から何までありがとうございます」

「とんでもないです」


僕はさりげなく時計を見た。すでに四〇分を回っていた。

早く少しでも商品の話をしないと……。

と突然、山野井さんが言った。

「海老沼社長、今日はそろそろ失礼させていただきます」

何を言っているんだ、この人は。余計な話を延々と続けて、時間を浪費しただけじゃないか。

「まだもう少し大丈夫ですよ」

海老沼社長だってそう言ってくれている。

「いえ、お忙しそうですし、失礼させていただきます」

僕の場合は自分が「もう少し大丈夫ですか？」と言って、お客さんが「そろそろ」と切り上げようとするのに、逆だ。でもこれじゃあ……。

「申し訳ありません」

海老沼社長は、自分の忙しさが伝わってしまって気を使わせたことを悔いるように言った。

「ただ海老沼社長、ひとつだけお願いがあります。キチンと保険のお話をさせていただきたいので、もう一度だけお時間をいただきたいんです」

こういうとき、僕は申し訳なさそうに、それでいてドキドキしながら言っているが、山野井さんは実に堂々としている。

「もちろん、いいですよ」

海老沼社長は胸のポケットから手帳を取り出し、スケジュールを確認し始めた。

「再来週になってしまいますが、よろしいでしょうか？」

「構いません」

「では、二一日はいかがでしょうか？」

「大丈夫です。お時間は海老沼社長のご負担のない時間でお願いします」

「そうですね。今日と同じ時間でよろしいでしょうか？」

「かしこまりました。では二一日の午後四時にお邪魔いたします」

「今日はあわただしくてすみませんでした」

「いいえ、こちらこそお忙しいときに申し訳ございませんでした」

二人は立ち上がって挨拶を交わした。僕も慌てて立ち上がり、お辞儀をした。

帰りしな、山野井さんは僕たちの飲んだ紙コップを重ねた。

「どうぞ、そのままで」

海老沼社長がそう言うと、山野井さんはテーブルの上の出入り口に近い角に重ねた紙コップを置いて、部屋を出て行った。僕もあとに続いた。

おかしい。

絶対におかしい。まだ四時四五分だ。

一五分あれば少しくらい商品の話をできるはずだ。

海老沼社長と別れて建物を出ると、僕は山野井さんに向き直った。少し強い口調だったかもしれない。

「どうして一五分も残っているのに切り上げたんですか？」

山野井さんはすぐには答えず、車に向かって歩き始めた。

「一時間は大丈夫だとおっしゃっていたじゃないですか。あの感じなら、一五分もあればある程度は話せたと思うんです」

食い下がるように歩きながら、僕は山野井さんの顔を見ていた。山野井さんは僕に目を向けると、深くため息をついた。

「ま、車に乗ってから話そうか」

第七章

僕に足りないもの……

山野井さんは車に向かう間、ひと言も口をきかなかった。少しうつむき加減で、いつもより早足でぐいぐい歩いていく。

強気であんな言い方をしたものの、後悔と不安がムクムクと頭をもたげてきた。僕は山野井さんについていくので精いっぱいだった。途中、斜め後ろから山野井さんの表情を盗み見たが、わずかに見える横顔は何かを思案しているように思えた。


車に乗り込んでも、山野井さんは言葉を発しない。

駐車場から車を出して構内から出ると、山野井さんは大通りの流れに車を乗せた。

「どうして早めに切り上げたのか、本当にキミはわからないの？」

「え……？」

早く切り上げるべきではなかったのではないかと指摘したのは僕だ。

「海老沼社長が忙しいのはわかります。でもまだ大丈夫って言ってましたし、商品の話を何もしていないじゃないですか？」

生意気な印象を与えてしまったかもしれないが、それは仕方がない。僕たちは営業マンだ。正しいのはやっぱり僕のほうだ。

「ふぅ。……わかったよ」

少し間を置いて、山野井さんが口を開いた。

「ええ」

「今日は金曜日、アポイントは午後四時だったね」

「週末の夕方に急な出張が入るということは、どんなことが考えられる？」

「ええと、何でしょうね……」

「トラブルとか、何かしら重要なことだと思わない？」

「はぁ」

「もし何か重大なトラブルが起こって、予定していなかった出張が入った場合、キミだったらどんなことをしなければならないと思う？」

「それは……、まず出張の準備をしなければならないでしょうね」

「そうだね。ほかには？」

「うーん、いつ帰れるかわからないから、自分が処理しなければならない業務を誰かに引き継ぎますね」

「なるほど。それだけでも、出発までの時間はあわただしくなると思わない？」

確かにそうかもしれない。でも……。

「でも、海老沼社長は、『一時間は大丈夫だ』とおっしゃってたじゃないですか」

「確かにね。よほどのことなら、アポイントをキャンセルするだろうからね」

「ですよね？　商談に応じるくらいなんですから、こちらはこちらの仕事をしてもいいんじゃないでしょうか」

「もちろん、それを否定するつもりはないよ」

僕はほっと息を吐いた。

「でもね、もしかしたら俺に気を使ってくれたのかもしれない。ずいぶん前からアポイントを入れていたし、海老沼社長の先輩からの紹介だからね。理由はどうあれ、急にキャンセルするのは申し訳ないと思ったのかもしれない。そこは海老沼社長の優しさなんじゃないかなぁ」

「……」

「お客さまの置かれた状況を想像することができれば、早めに切り上げるべきだという考えにならない？」

山野井さんの言っていることがわからないわけではない。

車に乗ってからずっと、山野井さんはいつも通り穏やかに話している。

この五日間、僕の言うことを言下に否定するようなことはいっさいなく、僕の意見を尊重しながら話をしてくれる。それは今も変わらない。当初厳しい指導を想像していた僕は、山野井さんの姿勢を好ましく感じていた。


「三井くんは彼女いるよね？」

突然何の話だ？

「はい、一応」

「彼女とデートをする日だったとしてね。待ち合わせ場所に行ったら彼女が『ごめん、今日仕事でトラブルがあって、このあと会社に戻らないといけないの。一時間だけ一緒に食事してすぐに行かなきゃいけないけどいい？』って言われたらどうする？」

「大丈夫？　って心配になります」

「だよね。一緒に食事する？」

……しない。

きっと「食事どころじゃないだろ？　いいよ、今日は。早めに戻って準備とかしな」と言うだろう。

山野井さんは僕が頭で考えていたことをすべてわかったかのように言った。

「だろ？　それと同じだよ」

一本取られた！　そんな気分だった。

でも僕たちはフルコミッションの営業だ。彼女には何かを売るわけではない。

でもお客さんにはゴールとして商品を売らなければいけない。

そう考えたらやっぱり違うのではないか。

そんなことを考えていたら、山野井さんがまた僕の心を読んだかのように言った。

「三井くんは営業の仕事のゴールを『商品を売ること』だと思ってるだろ？　それじゃあ売れないよ」

「えっ!?　どういうことですか？」

僕は驚きを隠さなかった。

営業の仕事のゴールが売ることじゃない？　ほかにあり得ないじゃないか！

夕方のラッシュが始まっていて、車は渋滞に巻き込まれていた。前方には赤いテールランプが幾重にも連なっている。

車内にはしばらくの間、沈黙の時間が流れた。

「今日で一週間か……。このあとはアポイントはなかったよね？」

そう言って僕のスケジュールを確認すると、山野井さんはファミリーレストランの駐車場に車を入れた。

建物から一番遠いところに車を駐車するとサイドブレーキを引いた。


「月曜から今日まで三井くんの営業を見せてもらったけど……」

何か特別な時間が始まることを僕は感じていた。

「これから三週間、今度はいろいろと教えていきたいと思うんだ」

やっぱり、だから今まで特に何も言わなかったんだな。

「でもその前に話しておきたいことがあるんだ。とても大切な話だからよく聞いて欲しい」

「はい……」

車内の空気が張りつめていくのがわかった。

「俺は三井くんに本気で営業を教えたいと思ってる。キミは売れる営業マンになれると思う。俺が言うのだから間違いないよ」

山野井さんがこんなふうに断言して言うのは初めてだ。しかも僕は売れるようになると言ってくれた。嬉しい。

「でもね、このままじゃダメだ。大切なことが足りないんだよ」

嬉しかった気持ちが不安に変わった。

「それってさっき言っていた『営業のゴール』のことですか?」

その答えを聞きたい。

「いや、それはこれから教えていくこと。今ここで営業のゴールが何なのかを教えても、本当の意味でキミの中に残らないんだよ。

もっと大前提のことだよ」

山野井さんは少し間を置いて言った。

「三井くんは本気で売れるようになりたいって思ってないでしょ？」

えっ！　どういうことだ？　思ってるに決まってる。

「何言ってるんですか？　思ってますよ」

僕がそう言うと、今度はさっきより間を置いて、

「少し厳しい話をするよ」

と、今までとは明らかに違う口調で話し出した。


「キミは『売れる営業マンになりたい』って最初に言ったよな」

「はい」

口調が強い。

「それは本気になっている人の言う言葉だとは思えないんだよ」

売れる営業マンになりたいと言ったことが本気じゃない？　どういうこと？

「なぜ、キミは『売れる営業マンになりたい』なんていう言い方するんだ？」

「売れるという結果を出したいからです」

「『結果を出したい』か……。じゃあ、なんで正直に『トップを取りたい』って言わないんだよ！」

「それは……」

「本気でやって結果を出している人間から見たら、キミが曖昧な表現で逃げ道を作っているだけにしか見えないよ」

「逃げ道なんか作っていません」

歯を食いしばった。


「じゃあ、なんで新人のころのように『トップを取る』と言えないんだ？」

なぜそのことを知っているんだ？

「そ、それは……」

以前はトップを取ってやると思っていた。僕もあの表彰式でスポットライトを浴びてみせるって。でもそれは簡単なことじゃなかった。

何も言い返せなかった。

「キミはトップを取りたいんじゃなかったのか？」

「……」

「それは何のためだ？」

「……」

自分のためでもお金のためでもない、僕がトップになりたかったのは、女手ひとつで育ててくれた母さんに恩返しがしたかったからだ。

でも、自分より優秀な人に挑戦状を叩きつけるようなことを言って、負けるのが怖かった。それと同時に「大きな口を叩くくせに……」と言われることで、みじめで恥ずかしい姿をさらしたくないと思うようになっていた。

「今日までの五日間、キミから質問してきたことあったかな？」

「いいえ……」

「なんで？」

「僕の商談に同行していただいているので、問題があったらアドバイスをもらえると思っていたからです」

「待っていれば何かを教えてもらえると思ってるの？」

「そういうわけじゃないですけど……」

「そんな受け身の人間が、売れる営業マンに変われると思う？」

「……」

「じゃあキミは、わからないことを誰に聞きに行っている？」

「同期やお世話になっている先輩です」

「そうだよな？　そこで問題は解決できているか？」

「解決してると思います……」

「それが本当に一番いい解決方法だと自信を持って言える？」

「……そう思いますが」

本当は違うとわかっている……。質問しやすい相手を選んでいるだけだ。

「そんなことは……」

「自分より優秀な先輩や怖い先輩、自分より優秀な同期や後輩は、無意識に除外しているんじゃないのか？」

当たってる……その通りだ。

「木曜日、お客さまから設計書の変更を依頼されたよな」

「はい」

「あのとき、キミは何て言った？」

「設計変更をするつもりはないと言いました」

「俺が何て言ったか覚えてる？」

「誰かに聞きに行けと」

「だよね？　あのとき、オフィスには誰がいた？」

「吉満さんと若杉さん、それに清宮だったと思います」

「そう。でも結局聞きに行かなかった」

「はい」

「なんで？」

「あの日も言いましたが、みなさんお忙しそうだったので、つまらない質問でお邪魔をしてはいけないと思ったからです」

「つ・ま・ら・な・い質問？」

「ええ」

「商談が決まるか決まらないかの大事な場面なのに、つまらないことなの？」

「いえ、僕にとってという意味ではなく、あのときオフィスにいたみなさんにとってつまらない質問かと……」

「それはただ逃げているだけじゃないか？」

僕の話をさえぎるように山野井さんはきっぱりと言った。

図星だった。

僕があの人たちに聞きに行けないのは、こんなこともわからないのかと見下されるのが怖かったからだ。自分がバカにされる姿を、周囲の人たちに見られるのが恥ずかしかったからだ。

「あのときさ、もうひとつ俺が言ったことも覚えてるよな？」

「ロープレを頼むチャンスだと」

「そのときキミは何て言ったっけ？」

「ロープレなんてつまらないことは頼めないと……」

「同じだよ。

自分の営業には自信があるふうを装っているけど、優秀な先輩たちにロープレを見せることが恥ずかしいと思ってるんだろ？　それは、彼らにダメ出しされるのが怖いからなんじゃないのか？」

「……」

「間違わないでくれよ。俺はロープレが大事ってことを言ってるんじゃない。俺が言いたいのはキミの考え方や姿勢なんだよ」

その通りだ。ロープレに限らず、ランチだってそうだ。仲の良い先輩や同僚、つまり自分にとって居心地の良い人としか僕は行かない。

昔はそうじゃなかった。

新入社員のころ、僕にとっては、すべての人が仕事のできる先輩だった。ランチどきになるといろいろな先輩に「お昼に連れて行ってください」と頼んで回っていた。昼飯を食べながら聞く話はどれも刺激的で、いろいろな意味で勉強になった。

特に、誰もが憧れる優秀な先輩には何度もアプローチした。忙しい人たちなのでなかなか捕まえることはできなかったが、一緒に行けたときは食事も忘れて質問攻めにした。

先輩たちからは「おいおい、食べさせてくれよ」と言われてしまったが、嫌な顔はしていなかったと思う。

いつのころからだったろう。僕はそうした行動を取らなくなった。

今までの柔らかい感じの山野井さんとは別人だ。

山野井さんはさらに続けた。

「そういえば今日、たまたま吉満くんと話す機会があってね、キミはエレベーターで吉満くんを避けたらしいね」

やっぱり、吉満さんは気づいていたのか。

「言っておくけど、吉満くんはキミを責めているわけじゃないよ。一緒のエレベーターに乗りたくないという気持ちはわかるからって。でもね、『惜しいなぁ』と言ってたよ」

「惜しい？」

「そう。吉満くんと一緒のエレベーターに乗って、二人で話すのが怖かったんじゃないか？」

「いや、乗ろうとしたけど……」

「新入社員のときのキミだったら、エレベーターにも走って飛び乗ったんじゃない？　吉満くんと話をするために」

すべてお見通しだ。

何分経っただろう。僕は頭も心も疲れ切っていた。


「もう一つ、大事な話をする。ロープレをやると言ってから実際にやるまで何日かかった？」

「……」

「結果を出したいと言うのなら、どうして『今日中にできるようにします』と言わなかった？」

「あの時間にロープレをやることが決まったんですよ？　すぐに相手が見つかるわけないじゃないですか」

「そうか？　俺、あのとき何て言った？」

「確か『今日はこのあと何もないから帰るけど、何かあるか？』とおっしゃっていたと思いますが」

「そうだよな。あれってどういう意味かわかる?」

「……あのとき……」

僕はハッとした。

ロープレはすぐやるべきだったんだ。山野井さんがこのあと予定がないと言ったのは、俺に相手を頼めっていうことだったんだ。

僕の心の声が聞こえてしまったのだろうか。山野井さんは続ける。

「キミは、俺に頼むのが申し訳ないと思ったんじゃないよ、相手を尊重しているようで、本心は単に先延ばしにして逃げただけだよ」

「そんなことないですよ」

「売れるようになりたいんだろ? 自分でもそう言っているのに、忙しそうだからとか、迷惑をかけられないなんて言っている場合なの?」

「でも……」

「少なくとも、俺はキミのメンターとしてここにやってきた。だったら、ロープレ頼むことって、迷惑でも何でもないよな?」

返す言葉がなかった。

僕は下を向くしかなかった。山野井さんがどんな顔をしていたかわからない。

ほんの数秒の沈黙が、何時間にも感じられた。


山野井さんは咳払いをしてから続けた。

「例えは良くないけど、キミのお母さんが倒れたとする。助けられるのは優秀な先輩と清宮くんだけだ。その場合、キミだったらどうする？」

「その先輩に助けを求めます」

清宮の名前を口にすることはできなかった。

「だよな？　忙しそうだからとか迷惑がかかるからといって、先輩や清宮くんに助けてもらわず、倒れたお母さんを放置しておかないよな？」

「はい」

「今の時代、結果を出せない営業マンは収入が減るどころか、職さえ失ってしまうかもしれない。それこそ悠長なこと言っていられないんじゃないのか？」

「トップを争うような優秀な人には頼めなかったかもしれません。でも、ロープレに付き合っていただいた末永さんは、しっかりした商談ができる方です」

「末永くんのことを悪く言っているわけじゃないよ。俺も彼のことは好きだよ。人間的なことについて言っているんじゃない」

「でも結果を出したいと言っているキミが目指しているのは、末永くんのような営業マンなのか？　そう思ってる？」

「……」

「あえて言うけど、今はキミより売り上げは下なんでしょ？　キミがこれから達成しようとしている数字は、末永くんのような数字なの？」

「違います」

「ロープレの目的って何？」

「営業スキルのレベルアップです」

「そうだろ？　実績を上げている人間に指摘されることで、初めてそのレベルに上がれるんじゃないの？」

言う通りだ。

「今のキミのような考えだと、今以上のレベルには絶対に進めない」

絶対という言葉に力を込めて山野井さんは言った。僕は何も言えなかった。もはや顔を上げることもできなかった。

「木曜日の飲み会だってそうだよ」

「飲み会ですか？」

また唐突なところから責めてくる。

「でも、会社の同僚とはコミュニケーションを取らないと……」

「何もなければ、飲み会でも合コンでもいくらでもやればいい。でも、あの日はやるべきことがあったでしょ？」

「ロープレですか？」

「そうだよ」

「……」

「トップを争うような優秀な人に頼めないってキミは言うけど、営業マンとして同じ会社の看板を背負っている以上、先輩が後輩を育てるのは仕事のうちでしょ。後輩を育てると自分の立場が脅かされるからと、それを断るような先輩は、この会社にはいないんじゃないかな」

「……」

「トップの二人だって、キミが頼めば嫌がらないはずだよ」

「……」

何も言い訳はできない。


「キミは『できたら売れるようになりたいなぁ』くらいにしか思っていないんでしょ」

そのひと言が、グサリと刺さった。


山野井さんの言葉はさらに続く。

「俺も仕事のことしか考えない時期があったんだ。家でテレビを見ているときも、実はテレビを見ているわけではなかった。テレビの前に座っていたけど、仕事のことを考えていた。お風呂で湯船につかっているときも、髪の毛を洗っているときも、仕事のことだけを考えていた。自然にそうなっていた。

さすがにずっとそういう気持ちで仕事をしなければいけないとは思っていないよ。入社して何年も経って、そんなふうに仕事をするのは難しいからね。でもね、そういう時期があってもいいと思う」

山野井さんに見据えられた。

「キミにとっては、最後のそういう時期かもしれないよ?」


最後の時期……。


「間違えないで欲しいのは、自分にプレッシャーをかけるためにそこまで追い込めと言っているんじゃない。今、自分がやるべきことは仕事でいいんだと思えること。本気になるというのは、仕事に没頭する状態を作れるかどうかということなんだ」

言っていることはわかるけど、僕にはできそうもない。山野井さんは、僕の心の声に応えるかのように続ける。

「若いうちのある時期、二年でも一年でも半年でもいい。俺だって、死ぬ気で仕事に没頭したのは二年くらいだった。先のことはまったく考えなかった。ただひたすら本気で仕事に没頭しただけなんだよ。本気でね」

山野井さんは「本気で」という言葉を強調しながら言った。

「今だけのことを言ってるんじゃない。そういう時期があるのとないのとでは、これからの長い社会人人生で、感じられることに大きな差が出るんだよ」

山野井さんの声が再び強くなっていく。

「キミはさ、本気になるのが恥ずかしいんじゃない。本気になってダメだったときが怖いから、本気になること自体から逃げているだけなんじゃないのか？」

「こっちを見なよ」と山野井さんは言った。僕は顔を上げた。

「俺はキミの前でたくさんのヒントを見せている。それに気づかないのは、キミの観察力がないからじゃない。営業マンとしての能力が低いからでもない」

「本気で力をつけようという気持ちがないからだ」

目頭が熱くなってきた。

ここまで自分が否定されたことがあっただろうか。

よく僕を叱った父さんですら、ここまでは言わなかった。もしかしたら、山野井さんに涙を見られたかもしれない。僕は山野井さんの視線に耐えきれず、再び下を向いた。

しばらく経ってから、山野井さんが言った。穏やかな声に戻っていた。

「三井くん、いいか。小さいプライドを捨ててごらん」

汗を拭うふりをして、僕はハンカチで涙を拭いた。自分で自分が情けなかった。

山野井さんは諭すように続けた。

「傷つくのが怖い、かっこ悪い自分を見せるのは嫌だ、恥をかきたくない。わかるよ。誰だってそうだ。だけど、そんな小さなプライドを捨てきれないのは、本気になっていないからなんだよ。本気になって、本当に大事なプライドを追いかけたらどうだ？」

本当に大事なプライド……。

「自分が本当に、守りたいものは何？」

「守りたいもの……」

「そう。……思い出してごらん」

そう言うと、山野井さんは車のエンジンをかけた。駐車場を出て、通りの車列に戻った。山野井さんは黙ったままハンドルを握っている。

夕方の渋滞は、すでに解消していた。

第八章

もう逃げるのはやめよう

帰り道、山野井さんは一度も口を開かなかった。

車の中は、小さくかかったカーラジオの音だけが響いていた。僕はただ、フロントガラスに広がる夜の景色を眺めることしかできなかった。

二人でオフィスに戻ったが、並んで歩いているときも無言だった。山野井さんは伝言メモのチェックだけすると、すぐに出て行った。帰り際に交わした「お先に」「お疲れさまでした」という短い言葉が、唯一の会話になった。

デスクに座ったまま、僕は長い息を吐いた。

それが大きかったのだろうか。周囲に座る同僚が僕のほうをチラッと見た。それに対して反応する気力はまったくなかった。僕は事務仕事を片付けようと、まずはメールチェックから始めた。

急ぎで返信するメールはなかった。来週でいいや。僕はデスクの上に山積みになった書類の束からいくつかのファイルを抜き出し、デスクの上に広げた。紙に書かれた文字や数字を目で追いかけていくが、途中でどこを追っているのかわからなくなった。我に返って書類に集中しようとしたけれど、同じことが繰り返されるだけだった。

僕はイスの背もたれに寄りかかり、そっくり返って天井を見つめた。同時に、また深いため息が漏れた。

「どうした？　体調でも悪いのか？」

目の前に座っている先輩が声をかけてくれた。

「いいえ、大丈夫です」

「無理しないで早く帰ったほうがいいんじゃないか？」

「ホントに大丈夫です。ありがとうございます」


仕事はまったく手につかなかったが、かといって早く帰る気にもならなかった。同僚たちの仕事ぶりをボーッと見ていると、さっき車の中で言われた山野井さんの言葉が浮かんでくる。

「なぜ新人のころのように、トップを取りたいって言わないんだ？」

「劣っている自分を見せるのが恥ずかしいから逃げている」

「相手を尊重しているようで、単に先延ばしにして逃げただけだ」

「本気になるのが恥ずかしいんじゃない。失敗した姿を見られたくないんだ」

そして「おまえは本気になっていない！」

頭に浮かんでくるのは、屈辱的な言葉ばかりだった。

僕は本気になっていないのか？

僕は逃げているのか？

僕は恥を恐れているのか？


すべて図星だった。

確かに本気でやってきたかと言われると、そうは言い切れない自分がいた。入社当時の頑張っていた自分と比べても、今の僕は明らかに違っている。

それでも、それなりに頑張ってきたつもりだ。そんな自分が全否定されて、どうしていいかわからなかった。山野井さんはゆっくり考えてみろと言ったが、何をどう考えればいいのかさえ思い浮かばない。


そういえば、清宮の姿が見当たらない。

こんなときに清宮のことが気になる自分がおかしく、ちょっと笑ってしまった。ヤツのことだから、まだ営業に走り回っているのかもしれない。ふと思いついて吉満さんや若杉さんの席を見たが、二人もいなかった。やっぱり実績を上げている人は、遅くまで飛び回っているのだろうか。

そうだ。彼らのような人たちが、本気で仕事をしていると言えるのだろう。

でも、ここにいる同僚たちすべてが、本気で仕事に取り組んでいるのだろうか。

「おい、三井」

ランチ仲間の先輩の声で我に返った。僕の横に立っている先輩は、怪訝な表情で僕の顔をのぞき込んでいた。

「これから飲みに行くんだけど、おまえも来ない?」

そんな気分にはなれなかった。

「今日はやめときます」

「そうか。じゃあ、また今度な」

「すみません」

しつこく絡んでくる先輩じゃなくて助かった。

どれぐらいの時間が経っただろうか。ふと思った。もしかしたら、僕は営業に向いていないのかもしれない。

山野井さんが若いころにやったと言っていた、二四時間仕事に没頭するという話も、僕にはとても無理だ。休みの日はリフレッシュしたいし、デートをやめたら彼女に文句を言われるに決まっている。

もしかしたら、清宮はそうしているのだろうか。

僕が清宮を直視できないのは、清宮が本気で仕事に取り組んでいるからだろうか。無意識のうちにもう追いつけないと諦め、自信を失っているからなんだろうか。

でも、アイツみたいになりふり構わずトップを目指して行動することなど、僕にはとてもできそうにない。山野井さんは、たった五日間で僕と清宮の違いを見抜き、僕に愛想をつかしてしまったのだろうか。

営業に向いていないのなら、いっそ異動願いでも出そうか。

……いや、待てよ。

こういう考えをすることが、山野井さんの言う「逃げ」なんだろうか。

清宮が言っていた「山野井さんにつぶされた人」っていうのは、結局逃げた人のことなのかもしれない。

部署を変えても、転職して会社を替わっても、これまでの考えを変えない限り逃げているということになるんじゃないだろうか。

僕は一生、逃げ続けるのだろうか。

僕はデスクに座って天井を見上げたまま、何ひとつ結論の出ない堂々巡りの思考にはまり込んでいた。


ふと気づくと、時刻は午後一一時を回っていた。

同僚が帰っていくのも、オフィスにほとんど誰もいなくなったのも、まったく気づかなかった。立ち上がってフロアを見渡すと、いつの間にかあの三人が席に戻っていた。三人とも一心にパソコンに向かっている。

僕はノロノロと帰り支度を始めた。このままここにいても、頭の中は何ひとつ整理できそうもない。パソコンの電源を落とし、書類を整えると、鞄を手に取った。

何となく視線を感じた。

その方角に目をやると、いつの間にか戻ってきた清宮が僕を見ていた。いつもだったら嫌な気分になったはずだけど、それどころではないというのが偽らざる心境だった。

家に着いたのは、午前〇時を回っていた。

いつものように、玄関の外の電灯がついている。まだ起きているに違いない。扉を開けると、いつものように母さんの声が迎えてくれるのだろう。

そっと鍵を開けて家の中に入ると、どうも様子が違う。電気はついているのに、母さんの気配がまったく感じられない。正面のリビングの扉を開けて中をのぞくと、誰もいなかった。

あれ？　風呂かな？

部屋はエアコンが効いていて暖かかった。僕はリビングから続いているキッチンに移動した。母さんが、四人がけのテーブルに突っ伏していた。

どうした？

ドキドキして慌てて近寄ると、小さな寝息が聞こえた。ホッとして顔をのぞき込むと、母さんは薄目を開けたまま眠っていた。

「母さん、母さん」

呼んでも起きない。よっぽど疲れているんだろう。

僕は母さんをまじまじと見た。そう言えば、ここ何年も母さんの顔をまともに見ていないことに気づいた。そばにいることが当たり前になっていて、見ているようで見ていなかったのだろう。

母さんって、いくつになったんだっけ？　髪には白いものが交じっていた。たぶん染めているとは思うけど、生え際までは隠しきれない。風呂に入ったのだろう。化粧っ気のない肌には、しわやシミが目立っている。

テーブルの僕の席には、茶碗とお椀が伏せてある。その横に、ラップがかけられたおかずが置いてあった。コンロには鍋がふたつ並んでいる。たぶん、味噌汁と僕の好物の煮物だろう。僕が帰ってきたら、すぐに温めて出してくれたはずだ。

ふと思った。母さんの寝顔って、いつから見ていなかっただろう？　あれ？　そもそも、母さんの寝顔なんて見たことあったっけ？

当たり前だけど、小さいころの僕は母さんより早く寝ていた。中学から高校にかけて部活に熱中しているときは、疲れていたのでやっぱり早く寝ていた。父さんを亡くしてから働きに出るようになった母さんは、忙しい毎日を送っていた。それでも、僕より先に寝たことはない。

母さんの人生は、やっぱりあの日から変わったんだ。

父さんが不調を訴えて入院したのは、僕が高校二年の夏だった。

母さんからは胃潰瘍《いかいよう》だと聞いていたが、あとになって末期の胃がんだったと知った。

本当の病状を知らない僕は、それほど心配していなかった。手術もしないし、急激にやせ細っていく父さんを不思議な思いで見ていたが、サッカー部でレギュラー争いをしていた僕にとっては、高校二年の夏は大事なときだった。

父さんに苦手意識を持っていたこともあって、あまりお見舞いにも行かなかった。母さんに言われてたまに行ったとしても、会話らしい会話はほとんどしなかった。

「大丈夫?」

「ああ」

お決まりの会話が終わると、そこから先は話が続かなかった。

それでも、いつもは母さんがいるからよかった。母さんが水を向けてくれた話題に答えていれば間がもった。しかし、母さんが売店に買い物に行ったり、花の水を取り替えに行ったりして席を外すと、とたんに沈黙が訪れた。

沈黙に耐えきれなくなった僕は、いつも病室から出て行く口実ばかりを考えていた。

僕は、父さんはしばらくすれば退院して家に戻り、その存在を窮屈《きゅうくつ》に感じる日々が戻ってくると思っていた。

あの日のことは、今でも頭にこびりついている。

授業が終わって練習に出ようと部室に向かって歩いていたとき、校内放送で名前が呼ばれた。

「二年F組の三井くん、至急職員室まで来てください」

僕？　何かやったっけ？

僕はサッカーばかりやっている生徒だった。昼休みもサッカー部の連中とつるんでいたので、職員室に呼び出されるような悪さはしていない。直前の中間テストでも、そこそこの点数を取っていた。

職員室の扉をノックし、悪いことをしていないのに妙に緊張する気持ちを抑え、恐る恐る中に入っていった。

僕に駆け寄ってきた先生の表情が切迫していた。

「すぐ病院に行きなさい」

え？

先生が何を言っているのかわからなかった。

先生は一万円札を僕に渡しながら言葉を重ねた。

「お母さんから連絡があった。さっきお父さんの容態が急変したらしい。もうすぐタクシーがくるはずだから、それに乗って病院に行きなさい。サッカー部の顧問には、先生のほうから話しておくから」

確かにやせ細ってはいたが、元気だった父さん。その父さんがいざ危篤《きとく》だと言われても、まったく実感が湧かない。だから、どんなリアクションをしたらいいのかわからないのが正直なところだった。

タクシーに乗って行き先を告げると、ただごとじゃないと察してくれた運転手さんが猛スピードで走ってくれた。僕はシートにもたれてボーッとしながら、窓の外の景色を追っていた。頭の中では不謹慎な思いが巡っていた。

今週末の練習試合のメンバーは、今日の紅白戦で決めるって言ってたよなあ。コーチは事情を考えてくれるだろうか。まあ、帰りが遅くなっても走っておこう。出ろと言われたときのために、体だけは鈍らせないようにしておかないと。

あ、父さんの容態が急変したんだっけ。担任はそう言ってたなあ。いや、でも、手術とかでどうにかなるんだろう。

運転手さんの奮闘のおかげで、病院には二五分で着いた。

本当は走って病室に行かなければならないんだろうけど、どうしてもノロノロとした動きしかできない。いったい何分かかるのだろうと思えるほど、病室は遠かった。

扉を開けると、母さんと妹の姿が目に入った。その向こうには白いシーツが敷かれたベッドがあり、父さんの足だけが見えた。さらにその向こうには、白衣を着た先生と看護師の女性が神妙な顔で立ち働いている。誰も僕が入ったことに気づいていない。

母さんと妹の背後に近寄ったところで、母さんが僕に気づいた。振り返って僕を見た母さんの目は真っ赤だった。ほおに涙が伝っている。

「総ちゃん……」

「お兄ちゃん……」

母さんの声で僕に気づき、振り返った妹の目も腫れまくっている。

「お父さん、死んじゃったよ」

そう言った妹が母さんの手をギュッと握った。

何を言ってるんだ、おまえは。悪い冗談はよせよ。そういえば、昔からおまえは人をからかうのが好きなヤツだったっけ。

僕は父さんの顔を見ようとベッドの脇に立った。いつものように、ただ眠っているだけにしか見えない。看護師さんが、父さんに取り付けられていた酸素マスクのチューブを取ろうとしている。

何で取るんですか？　ただ寝てるだけじゃないんですか？

「父さん、父さん」

父さんの耳元でそうささやきながら肩を揺すったが、父さんの目は開かなかった。

母さんが僕の肩に手を置いた。やけに温かい手だった。

「総ちゃん、もう……」

そう言われても、やっぱり実感が湧かなかった。

「どうして……」

どうして父さんは目を開けないんだよ。そう言おうとしたけれど、父さんの顔をよく見ると言葉が続かなかった。

父さんの顔は、それほど穏やかだった。

はっとして、僕は心の中で父さんに話しかけた。

病気と向き合うのはもう疲れただろ？　苦しかったよな。痛かったよな。ごめん。何もできなくて。ごめんなさい、ろくに話もしてあげられないで……。

小学生以来、久しぶりに僕は自分から父さんに話しかけた。

自分の目から涙が流れているのに気づいた。

やばい。俺、泣いてる。

男なら泣くな。いつもそう言っていた父さんの前で泣いてもいいのかな。振り返って母さんの顔を見た。母さんはうなずいている。その顔を見たとたん、目と鼻の奥から何かがほとばしった。

僕は声を上げて泣いた。

父さんが死んで悲しかったのだろうか。もう父さんに会えないから寂しかったのだろうか。正確なところは今でもわからない。ただひとつはっきりと覚えているのは、父さんと距離を置いてしまったことを後悔する気持ちがあったことだ。

父さんが亡くなって、母さんが僕たちに涙を見せたのはお葬式の日が最後だった。

翌日から、母さんは働き口を探し始めた。近くのスーパーと弁当屋に職を得て、僕たち兄妹を育てるために必死で働いた。それだけでなく、料理をはじめ家事も完璧にこなしてくれた。感謝する気持ちはあったが、僕たちは母さんに甘えっ放しだった。それに報いるような親孝行も、ぜんぜんしてこなかった。

大学に入り、クラブとアルバイトで帰りが遅くなっても、母さんは必ず起きて待っていてくれた。アルバイトながら自分で働いてお金を稼ぐようになって、母さんの大変さが身にしみてわかるようになった。少し大人になった僕は、母さんへの感謝の気持ちが強くなった。もちろん、面と向かって言ったことはなかったけれど。

そうだった。

僕は、この人を表彰台に上げたかったんだ。

そして、感謝の気持ちを伝えようと決めていたんだ。それなのに……。

「本当に守りたいものは何なのか」

山野井さんの言葉がよぎった。

何だかじっとしていられなくなった。

僕は静かに自分の部屋に行き、スーツを脱いでトレーナーとスウェットに着替えると、部屋にある本棚の上に置かれたサッカーボールを手にした。

どうしてこんなことをする気になったのか、自分でもさっぱりわからない。ただ、モヤモヤとした気分が少しは晴れるかもしれないと思った。

隣の部屋で眠る妹やキッチンの母さんに気づかれないように、足音を忍ばせてそっと一階に下りる。スニーカーをはき、音をたてないようにドアを開けた。いったん家の中の暖かさに慣れた体が、ひんやりとした空気に再び縮こまる。天気予報では、最低気温は確か一一度くらいだったはずだ。少し動けばトレーナーでも我慢できるだろう。僕は近くの公園までなるべく足音をたてないように軽く走った。


金曜の夜中。当然のことながら、公園には誰もいなかった。三本の街灯が、公園を明るく照らしている。

公園の両サイドには、小さめのサッカーゴールが置かれている。僕は公園に続く階段を下りると、一方のゴールに向かってドリブルして行った。

ときおりフェイントを織り交ぜてコースを変え、ディフェンスを抜き去るイメージを浮かべながら軽い感じで進んで行く。ゴール手前二〇メートルぐらいまできたところで、半分程度の力でシュートを打った。

入った。

僕はゴールまで走ってボールを取りに行く。そこから反対側のゴールに向かってドリブルを始めた。今度は、もう少しスピードを上げてみよう。

何度か繰り返しているうち、体が温まってきた。額にジワリと汗がにじむ。

僕はただひたすらボールを追い、追いつくと強いシュートを打った。ゴールまでダッシュでボールを拾いに行き、蹴り出しては全速力でボールを追った。

サッカーボールを追っていると、いろいろなことが頭に浮かんできた。

最初のうちは、やっぱり山野井さんの言葉だった。本気になっていない、逃げているという屈辱的な言葉に、悔しさで胸がいっぱいになった。清宮の顔も浮かんでくる。したり顔で顎を触っている、僕が一番嫌いな清宮の顔だ。

腹立たしかった……自分自身が。僕はありったけの力を込めてボールを蹴った。

何度同じことを繰り返しただろうか。

母さんを表彰台に上げたいと考えたのは自分だ。それを脇に追いやって、安易な道を歩いたのも自分だった。トップに立つことを諦め、それを人のせいにしたのも自分。いつの間にか逃げることに慣れていたのも自分。

最悪だ。

急激に頭の中が冷めていく。

と同時に、母さんとの思い出がぐるぐると頭の中を回り始めた。

小学二年生でサッカーを始めたころから、母さんはどんな試合にも必ず応援に来てくれた。試合に出ているこっちが恥ずかしくなるくらい、フィールド中に響き渡る大声で応援してくれた。

試合に勝ったときは、まるで自分のことのように一緒に喜んでくれた。負けたときには、泣きじゃくる僕を労わりながら一緒になって泣いてくれた。僕の喜びは母さんの喜びであり、僕の悲しみは母さんの悲しみでもあった。

僕が大事に育てていた金魚が死んだとき、僕は母さんと二人で金魚を庭に埋めた。そのあと、僕は二階のベランダに出て泣きわめいた。

母さんは、いろんな言葉をかけて慰めてくれた。大好きな総ちゃんがそんなに泣いているのを見ると、お母さんも悲しくて仕方がない、と言って一緒に泣いてくれた。

中学時代、学校で僕が大けがをしたとき、すっ飛んできた母さん。

「もしも総ちゃんに何かあったら、心臓でも何でもあげるからね」

病院に向かう救急車の中でずっと手を握りながら、真剣に言っていた母さんの顔は、今も忘れていない。

僕は、こんな母さんに育まれ、守られてきたのだ。

無性に母さんの顔を見たくなった。

急いで家に戻り、キッチンに走った。

母さんは、まだテーブルに突っ伏したまま寝息を立てていた。さっきと同じ薄目を開けたまま寝ている。そういえば高校受験のときに、僕が眠らないようにと、一緒になって僕の部屋で本を読みながら起きていてくれたことがあった。そのときも母さんは眠気と戦いながら薄目を開けたまま眠っていたことがあった。そのときと同じだ。

さっきまで頭に浮かんでいた母さんの優しさが、一気に胸に迫ってきた。

何をやってるんだ、俺は！

鼻水が垂れ、嗚咽《おえつ》が漏れた。

会社に入ったとき、今度は僕が母さんに感謝する番だと必死になった。あのときは情熱があった。たぶん、山野井さんの言う本気があった。

でも、自分の小さなプライドを守るために、いつの間にか大きなプライドに蓋をしている自分がいた。

僕はそのことに気づいていた。

気づいていながら、蓋をしてしまった自分から目をそらし続けた。

母さんも歳を取った。父さんが突然いなくなったように、母さんだってそのうちいなくなってしまう。このまま見ないふりをしていて後悔しないのか。僕はいつ母さんに感謝の気持ちを伝えようというのか。

目をそらすようになってから、僕は逃げ続ける時間を生きてきた。

時間は、誰にとっても同じスピードで過ぎていく。

辛い思いをしている人にも、楽しんでいる人にも、僕のように逃げ続ける人にもすべて平等だ。

そして、その時間は二度と戻ってこない。

このまま三〇代になったら、四〇代も五〇代もその先もずっと、このままの人生を生きることになる。今、本気のスイッチを入れなかったら、一度しかない人生を逃げ続けることになる。

それだけは、嫌だ。

母さんに感謝の気持ちを伝えるためにも、自分のたった一度の人生を後悔しないためにも、小さなプライドなんか捨てて本気でやってみよう。


「母さん、母さん」

涙と鼻水を拭いたあと、僕は母さんの背中をそっと叩きながら起こした。

「ん？」

「布団で寝ないと風邪引くよ」

「あら、帰ったの」

ビクッとして顔を上げた母さんは、トレーナーとスウェット姿で汗みどろの僕を見て、少し驚いたようだ。

「何よ、そんな格好して。どこ行ってたの？」

「公園」

「公園？　こんな夜中に？」

「うん。ちょっと体を動かしてきた」

「そうなの。あなたこそ風邪引くわよ」

「うん。すぐ着替えるから大丈夫」

「ご飯食べたの？」

「母さん」

僕は力強く、それでいて優しい声で言った。

「自分でやるからいいよ。母さんは寝て。それと、帰りが遅くなるときは、もう起きていなくていいからね」

「どうしたのよ？」

母さんは怪訝そうな顔をしている。僕は母さんの目をまっすぐに見ながら、言った。

「母さん、いつもありがとう。俺、本気で頑張ってみるよ」

僕の頭の中にあったさまざまな思いは、このとき、ストンと腹の底へ落ちていった。

第九章

感謝の心は細部に表れる

第二週　月曜日

またいつものように月曜日がやってきた。しかし、僕にはいつもとは違う月曜日だった。

起きたのは五時半、こんなに早く目覚めたのは、何年ぶりだろう。これまで毎週月曜日に必ず感じていた、沈むような気分はまったくなかった。

母さんが作ってくれた朝食をほお張りながら、新聞に目を通した。久しぶりに早い時間の電車に乗り、まだほとんど人の来ていないオフィスに出勤した。

「おはようございます！」

僕はあとからオフィスに入ってきた人に大声で挨拶をした。

挨拶された人や、近くの席に座る同僚がいつもと違う目で僕を見ている。そんな視線を意識すると、今までと同じように恥ずかしいと思う気持ちが首をもたげてきた。

いや、僕は決めたんだ。

小さく深呼吸。

恥ずかしいと思わないと決めたんだ。その後も、僕はすべての人に大声で挨拶した。

朝のミーティングの時間になった。僕はいつものくせで、左側最後列という定位置に向かった。

ふと顔を上げる。

僕の目からは、同僚や先輩の背中だけしか見えなかった。最後尾に僕がいることを認識する人は誰もいないだろう。支社の中でも埋もれた存在ということだ。

あれ？　何で俺はいつもここに立っていたんだろう？

僕は思い直し、人の合間をぬって前へ進んだ。少し強引に前に行こうとしたので、いろいろな人の肩や背中にぶつかった。

「すいません」

みんなはどう思うだろうか。表情を見ていないから想像するしかないが、たぶんさっきみたいに驚いているかもしれない。

さて、どこに行こうか？

そうだ、トップを狙うと決めたのだから、まずはトップに立つ先輩の後ろについてやろう。僕が向かったのは、中央からやや左側の前から二列目だった。最前列には、吉満さんと若杉さんが立っている。

この二人は、トップ争いをするライバルだというのに、なぜかいつも近くにいる。それはともかくとして、まずは二人に追いつかないことには話にならない。心の中で吉満さんと若杉さんの背中に向かってこう言った。

いつか、あなたたちの前に立って見せますから……。

ミーティングが始まる直前、山野井さんと支社長が会議室から出てきた。

何か打ち合わせをしていたのかもしれない。山野井さんの姿を目で追っていると、しきりにフロアの後ろのほうを見ていた。誰かを探しているような素振りだ。

あ、俺か。

定位置にいる僕を探していたのだ。何だかおかしくなり、ニヤニヤした顔で山野井さんを見続けていた。

しばらくして、山野井さんと目が合った。

山野井さんは僕のいる場所を見てほんの一瞬驚いたような表情になったが、すぐに穏やかな笑顔に戻った。そして、小さくうなずいた。その笑顔は、出会ってから一週間で初めて見る種類のものだった。


ミーティングが終わる。

席に戻ろうとしたとき、いつものように右側の最前列に立っていた清宮がこちらに向かって歩いてくる。

何だろう？

僕が場所を変えたことに、何か言いにくるのだろうか？

清宮は、僕の前で止まった。

でも、僕に用があったわけではなかった。清宮は僕の前にいる吉満さんと若杉さんに対して丁寧に頭を下げながらこう言った。

「金曜日はロープレにお付き合いいただいて、ありがとうございました」

え？

コイツは今、何て言った？

清宮は、吉満さんと若杉さんにロープレの相手をしてもらったというのか。金曜の夜に三人ともいなかったのは、そういうことだったのか。

「お忙しいところ申し訳ありませんが、今週もよろしくお願いします」

何？

「いいよ」

は？

「で、いつにする？」

吉満さんと若杉さんが、清宮の頼みに対してさも当然のように応える。

「いつでしたらよろしいでしょうか？」

「また金曜日だな。何時に戻れるかわからないけど、それでもいいか？」

「はい、何時でも結構です」

そんな短いやりとりを交わして、三人は自分の席に戻っていった。

僕は清宮が来てから三人が離れていくまで、その場を一歩も動けなかった。あのプライドの高い清宮が、こんなことをしていたのか。これから追い抜こうとしている人たちに、当然のように頭を下げている姿を目の前で見せつけられて、僕は今さらながら気づいた。

だからだ。だからアイツは同期でトップになれるんだ。トップを取るために本気の努力をしているから、トップに近づいているのだ。これが山野井さんの言う本気ってことなのかもしれない。これまでの僕であれば浮かんできたであろう清宮への反発心は、まったく感じなかった。

席に戻ると、横に山野井さんが座っていた。

山野井さんは、金曜日のことについて何も語ろうとしなかった。清宮の一件を見てしまった僕は、何か言わずにはいられなかった。立ち上がって山野井さんのそばに寄り、周りに聞こえるほどの声で言った。

「山野井さん、僕、本気でやります」

周囲の注目が集まった。でも、もうぜんぜん気にならなかった。山野井さんは相変わらずの笑顔だ。僕は構わず続けた。ちょっと熱かったかもしれない。

「トップを取りたいんです。そのためにやるべきことを教えてください。よろしくお願いします」

そう言って僕は深く頭を下げた。角度は九〇度、時間にして五秒。

先週まではあれほど嫌だった父さんや山野井さんと同じお辞儀だった。後頭部のほうから山野井さんの声がした。

「わかった。今日の予定は？」

「午前中は特にありません」

「そう。じゃあ、出かけようか」

「どちらへ行きましょうか？」

「うん？　何だか楽しそうだねぇ」

山野井さんがからかうように言った。山野井さんの声だって、先週より弾んでいるように聞こえる。

「もちろんですよ！　今朝は、久しぶりに五時半に起きちゃいました」

「へえ、気合い入ってるんだねぇ」

「そうなんですが……」

昨日から僕の心は期待で膨らんでいた。

「僕はこれからの三週間何を意識していけばいいですか？」

どんどん聞いていこう。

「そうだなぁ」

僕は姿勢を正した。

「キミってさ、俺といるとき、商談のシーンしか見ていないんじゃない？」

えっ!?　どういう意味だ？

「僕は営業マンですから、商談が最大のポイントだと思って……」

「なるほど。でもね、これからはそれだけじゃだめだよ」

「……？」

「営業ってさ、キミの期待しているようなスキルではなくて、実はそうじゃないところにすごく大きな違いがあるんだよ」

「そうなんですか？　ぜひ教えてください」

僕はノートを取り出し、ボールペンを右手に持って山野井さんの言葉を待ち構えた。

「あれ？　先週もさんざんやってきたことなんだけどね」

え？

「もしかして、僕が気づかなかったってことですか……」

自分の浅はかさが恥ずかしくなる。

「すみません……」

「まあ、謝らなくていいよ。でもさ、もっともっと俺のこと、よく見ていてごらん」

「はい」

「俺がどこに目線を送って、どんな行動をして、どんな仕草をしているか。商談はもちろんだけど、すべてのことを観察してみな」

「わかりました」

「それで、キミと俺との違いを感じて欲しい。違いがあると感じたら、俺に言ってきて欲しい」

「はい」

「しっかり観察していれば、今のキミならきっと気づけるはずだから」

そう言うと、山野井さんの顔が急に引き締まった。

「キミは本気になると言ったよな？」

「はい」

「本当だね？」

もう言い訳は通用しないぞ！　とでも言うように山野井さんは聞き返した。

「はい！」

「だったら、俺も本気で教えるから」

「よろしくお願いします」

これから起こることが何なのかはわからなかったが、ただワクワクして嬉しかった。

第二週　水曜日

二週目に入って、山野井さんの商談について回るパターンが多くなった。

僕は、山野井さんの一挙手一投足を見逃すまいと、すべての行動を観察し続けた。もちろん、商談の最中に横に並んでいる山野井さんのほうを見るわけにはいかない。それでも、お客さまに目を向けながら、横目で「気配」を感じ取ろうと努めた。


三日目、僕のほうから山野井さんに切り出した。

「この三日間ずっと観察させていただきましたが、やっぱり改めて気づいたのは、山野井さんの深いお辞儀です」

「ああ、そう。お辞儀には少しこだわりがあるからね、俺は」

「そうなんですか」

「キミはどう思った？」

ちょっと言いにくいけど、隠しても仕方がないから思い切って言おう。

「亡くなった父が、山野井さんと同じようなお辞儀をしていたんです。だから、最初に見たときは、ちょっと微妙でしたね」

「微妙？　どういうこと？」

「申し訳ないんですけど、肯定的には見られませんでした」

山野井さんは何かを言おうとして、やめた。そして、ちょっと考え込んでいる。僕は何となくこの沈黙に耐えられなくなり、努めて明るい声で言った。

「お辞儀へのこだわりって、どんなことですか？」

「その前にさ、肯定的に捉えられない理由を教えてよ」

やっぱりまずかったかな。

「わかりました。もう一一年前に亡くなってしまったんですけど、僕の父はある会社の工場長でした。家から近かったこともあって、小学生のころは土曜日になると工場の近くの公園で父の帰りを待っていたんです」

「へぇ」

山野井さんは、興味深そうに聞いている。こんな話が面白いのだろうか。

「たぶん、取引先の人だったんだと思うんですが、その人たちを見送る父がいつも長い間頭を下げ続けていたんです、毎回毎回。子ども心に格好悪いなぁと思って、父のようには絶対にならないと思っていました。だから……」

「なるほどね」

「すみません、つまらない話で」

「そんなことないよ。でも、俺は逆だったなぁ」

「逆？」

「うん、俺も最初からこんなお辞儀をしていたわけじゃないんだ。

俺が昔は電機メーカーに勤めていたのは知っていたっけ？」

「はい、支社長から聞きました」

「そのときに仕事であるお客さまと知り合ってね。その人から本当に多くのことを教えてもらったんだよ」

山野井さんはそのお客さまを懐かしむように続けた。

「その人がそれこそ深くお辞儀をする人だったんだ。それで俺も真似をするようになったんだよ」

「どうして真似しようと思ったんですか？」

「キミにはさ、お父さんがペコペコしているように見えたんだろ?」

「そうです」

「でも、俺にはその人が心から感謝しているように見えたんだ。それが美しく見えてね。だから、絶対に真似してみよう、続けてみようと決めたんだ」

「心からの感謝……ですか」

「そう。そういう意味では、その人のおかげで今の俺があるんだよね」

「へぇ、山野井さんも人から教わってきたんですねぇ」

山野井さんは、小さく何度もうなずいた。


僕はほかにも気づいたことを山野井さんに話した。

「小さなことで申し訳ないんですが、もうひとつは名刺交換のことです」

「へぇ、何?」

「山野井さんはテーブルを回り込んで、必ず相手のそばに行かれますよね?」

「そうだね」

「テーブル越しでは名刺交換をしないようにしてるんですか?」

「時と場合にもよるけど、基本的にはすぐそばまで行ってするね」

「いつもそうですよね」

「でもさ、俺がお客さまのそばに行って名刺交換するのは、失礼にならないようにするためじゃないよ」

「え？　そうなんですか？」

「よく考えてみてよ。営業ってさ、お客さまとどうなりたいの？」

「うーん……仲良くなりたいと思いますね」

「そうでしょ？　仲良くなるにはどうする？」

「その人との距離を縮めようとします」

「そう。距離っていうのはさ、心の距離だけじゃなくて物理的な距離もあるよね。そばに行って名刺交換すれば、お客さまに自然に近づけるじゃない？」

「なるほど」

「たまに、『ご丁寧に』なんて言われることもあったりして」

「そういう方もいらっしゃいましたね」

「だから、こういうふうにする営業マンって、意外に少ないんじゃないかなぁ？」

そうか。近くに寄って名刺交換するだけで、お客さまに自分をアピールすることができるということか。お辞儀だってそうだ。あんなに深々と長い間頭を下げ続ける営業マンは、そんなにいないのかもしれない。

そんなことを思っていたら山野井さんが付け加えるように言った。

「それと一ミリでもいいから、自分の名刺を相手の名刺の下に出すようにしてるよ」

そんなことまで!?

驚いている僕をわかった上で山野井さんが言った。

「キミは今『小さなことで申し訳ないですが……』と言ったけど、こういうことって小さいことじゃないから。大切なことだから」

今までの自分の感覚とは違う。さすが山野井さんだ。

先週の金曜日、海老沼社長のところで車を来客用の駐車場に置かなかったのも同じことだ。

来客用の駐車場はだいたい、社屋の出入り口から一番近いところにあるものだ。その一番いいところに車を置かないことで、それをもしお客さまが見ていたりしたら、与える印象はぐっと良くなる。

確かに小さいことのようでも、お客さまがどれかに気づいてくれれば、良い印象を持ってくれるだろう。

面白いかもしれないと思った。

ガツガツせず、さりげなく自分をアピールする。それがトップに立つ営業マンの隠れた秘策なのかもしれない。僕も真似をしてやってみようと思った。

今日一日だけで、ノートに書いておくべきことがいっぱいあるな。先週は一行も書けない日もあったのに。いったい僕は何を見ていたんだろう。自分が恥ずかしくなった。

何となく、山野井さんが教えようとしていることが少しずつわかってきたように思えてきた。

しかし僕は勘違いをしていた。

そのときはまだ、山野井さんが教えてくれようとしていたことの本当の意味を僕はわかっていなかった。僕はわかってきたつもりでいたが、実は僕が見て感じているものと、山野井さんが僕に伝えようとしていたものとは、まったく違うものだった。

第二週　金曜日

午後一時半、二週目の最後の商談の場所は、とあるホテルのラウンジだった。

午前中は別行動だった山野井さんとラウンジで少し早めに待ち合わせをした。

ロビーに入ってすぐ正面にあるラウンジを見回したが、山野井さんはまだ来ていないようだった。係の人に案内され、先にラウンジの席に座って待っていると、山野井さんはすぐにやってきた。

二人が席に座るとウエイトレスが水を持ってきた。僕がその水を飲もうとしたら山野井さんが質問してきた。

「いま水もらったでしょ。お礼言った？」

「えっ？　お礼……ですか？」

「そう、『ありがとうございます』って」

正直わからない。たぶん言っていないだろう。

「たぶん何も言ってないと思います」

「初日に行った伊達社長のところでも、女性がお茶を持ってきてくれたときに、何も言ってなかったよね」

「そうでしたか……」

「そうだよ。俺たちはお客さまでもないのに、お客さまのほうがお茶をいれて持ってきてくれているんだよ？　ありがたいことだと思わない？」

考えたこともなかった。だってお茶を出してくれるのはよくある普通の対応だ。そんなことを心の中で反論していると、山野井さんが続けた。

「多くのお客さまがそうしてくださるから、みんな当たり前だと勘違いしちゃってるんだよね」

「確かに言われればそうですね」

僕の心の中の反論は簡単にくつがえされた。

「本当にそう思うんだったら、ちゃんと言わなきゃ『ありがとうございます』って。ここではさぁ、お金を出してお茶を飲んでいるから俺たちがお客さまだけど、いつでも言う習慣をつけておいたほうがいいと思うよ。言われたほうも気持ちいいでしょ」

山野井さんの感性にはいつも驚かされる。きっとお客さまだって特に違和感のない当たり前のことだと思っているはずだ。でも今までの習慣や周りの普通の営業マンの常識をなしにして考えれば「確かに！」と思わされてしまう。

そんな会話をしているとお客さまがラウンジに入ってきた。

僕たちは立ち上がってお客さまを迎えた。初めてお会いする僕は、お客さまの横まで回り込んで名刺を差し出した。

商談が終わり、お客さまを見送るためにラウンジを出る。お客さまはホテルまで車で来られたという。地下駐車場に停めているというので、駐車場に降りるエレベーターまで見送った。

お礼の言葉を言って、深く頭を下げた。扉が閉まる気配を感じると、僕は体を起こして帰ろうとした。

「おいおい、まだ帰っちゃだめだよ」

そう言った山野井さんは、こっちこっちと手招きして表に出た。

何をするんだろう？　山野井さんは姿勢を正して正面を見ている。僕は不思議に思いながら、山野井さんの顔を見ていた。

しばらくすると、車のエンジン音が近づいてきて、濃紺の高級車が姿を見せた。そこは駐車場の出入り口だったのだ。

山野井さんは、その車に向かって深々と頭を下げた。僕も慌てて頭を下げた。左ハンドルの車に乗ったお客さまが車を停め、ウインドウを下げた。

「やっぱりさすがだねぇ。できる営業マンは違うねぇ」

そう言って笑うと、クラクションを鳴らして去って行った。

思わず、言葉が口をついた。

「こういうところが僕には足りないんですね……」

「うん？」

「エレベーターまでお見送りをした時点で、終わったと思ってしまいました」

「俺はね、お客さまが喜ぶ顔が見たいんだ。この人と付き合うと気持ちがいいと思ってもらいたいんだよなぁ」

そういうと山野井さんは無邪気に笑って見せた。

山野井さんのお客さんはきっと、こんな山野井さんのファンなのだろうと思った。

「少々気になることがあるんですけど、お聞きしてもよろしいですか？」

「何でもどうぞ」

山野井さんは両手を広げておどけて見せた。

「山野井さんって、商品の説明の仕方とか営業手法とか、そういうスキル的なことについてはまったく教えないいんですか？」

この二週間、僕と山野井さんはほとんど一緒に行動した。

僕の営業に同行してもらったときも、口を挟まずじっと見ているだけで、商談が終わっても営業のスキル的なことはほとんど何も言ってくれなかった。

「うん、しないね」

「えっ？　いつもそうなんですか？」

「そうだよ」

「どうしてですか？」

「だってさ、そんなこと嫌っていうほどやってきたでしょ？」

言われてみればその通りだ。

僕たちは、入社したときから研修に次ぐ研修、先輩からのマンツーマン指導、何度やったかわからないほどのロープレなどで、そういったスキルは叩き込まれてきた。

「まあ、確かにそうなんですけど、トップ営業マンならではの秘訣みたいなものがあるんじゃないかと思って」

「ははは、そんなものないよ。魔法の粉みたいなものでしょう？　ない、ない。それに、俺の商談見ていてわかったと思うけど、商品説明に関して言えば、キミも俺もたいして変わらないと思わない？」

「確かにそうかもしれません」

「言うねぇ、キミは」山野井さんはガクッとしたリアクションをして言った。

「す、すみません……」

「冗談だよ！」

山野井さんは顔をクシャクシャにして嬉しそうにしていた。

「だいたいさぁ、同じ商品を同じ条件で営業しているのに、商品説明のスキルとかで営業成績に差がつくのっておかしいと思わない？　たいていはみんな、ちゃんと話せてるでしょ？」

「……」

考えてみたらその通りだ。僕たちは同じ商品を同じ価格で営業している。商品のパンフレットなんかも同じものを使い、商品知識や説明の仕方も同じように教わる。

「僕らは話したり説明したりする練習は十分やってきてるんだよ。売れない人っていうのは、その力を発揮できる状況を作り出せていないいんだよ」

力を発揮できる状況を作り出せていない？

どういうことなのかはわからないが、重要なことだというのはわかる。

「これから残り二週間でそれを教えていくからね」

「わかりました。お願いします」

山野井さんは、もしかしたらとても緻密な計算のもとに僕を指導してくれているのかもしれない。


「ところでさ、来週の月曜日って、予定入ってる？」

僕はスマホを取り出した。

「午前中と……午後も五時までは入っていません。五時からアポイントが入ってます」

本当は午後からアポイントが入っていたが、昨日日程の変更の連絡があり、偶然空いていた。そのことを言おうかと思ったがやめた。

「そっか、じゃあ空けといてくれる？」

「わかりました。ところでいったい何をするんですか？」

「飛び込みをしようと思うんだ。一緒にね」

「飛び込みですか⁉」

飛び込み営業というのは特にアポイントもない相手に、突然お邪魔して営業をするというものだ。営業とはいってもほとんど会うこともできずに門前払いを受け、話ができることはめったにない。僕は営業の手法の中でも最後の手段というイメージを持っていた。

山野井さんと一緒に動けるのは、あと二週間しかないのに、何のためなんだ？

「そう、俺も前職以来ずいぶんしてないなぁ」

そりゃそうでしょう。だってそんな必要もないでしょうに……。

でもだからこそ何かの意味があるはずだ。

「わかりました。楽しみにしています」

今までだったら飛び込みなんて絶対に嫌だったのに、楽しみにしている自分がいた。

第一〇章

まずはチューニングから

第三週　月曜日

支社を出てエレベーターに乗ると、僕はすぐにボタンが並んだパネルの前に立った。「閉」のボタンを押してから、山野井さんの横顔にたずねた。

「山野井さんは飛び込みなんて、したことあるんですか？」

「いや、今の仕事ではないよ。でもやってる人もいるよね」

山野井さんの声はいつも通り淡々としている。

「キミは？」

「アポイントを入れたほうが効率的に動けるので、やっていませんでした。すみません」

「いやいや、謝ることじゃないよ。飛び込みをしないでやれていればそれに越したことはないからね」

少し安心した。

「でも、まあ、たまにやるのも新鮮でいいかもしれないね」

「はい……」

僕は飛び込み自体にはあまり好感は持っていない。でも山野井さんが何かを教えてくれるのだと期待をしている。

「でもさ、ただ飛び込みやるだけじゃつまらないと思わない？」

「……」

「そうだ。昼飯を賭けよう」

「え？」

「俺の知ってる店で、この近くにこだわりの親子丼を食べさせてくれるお店があるんだよ。ちょっと高いんだけどね。二〇〇〇円するの」

「親子丼で二〇〇〇円ですか。高いですね」

というより賭けるってどういう意味？

「こうしよう。午前中に回った先で一軒も会ってもらえなかったら、そこへ行って二〇〇〇円の親子丼を食べる」

あれ？　逆じゃないの？

「会ってもらえたらじゃなくて、会ってもらえなかったらなんですか？」

「そう！　会えなかったら二人の健闘を称えてうまいものを食う。よし、それでいこう！」

ちょうどエレベーターが一階に着いた。

一人五軒ずつ交互に飛び込み、そのとき一緒にいるほうは口を挟まない。二人で決めたルールはそれだけだった。

まずは僕の番だ。

僕は周囲を見回し、つい最近建設されたばかりの新しいオフィスビルに目をつけた。最上階までエレベーターで上がり、そこにある会社の受付に向かった。

僕は受付の電話で、生命保険会社の営業で来たことを告げた。

「お約束はいただいていますでしょうか？」

丁寧な言葉だったが、飛び込みは受け付けないという毅然《きぜん》とした雰囲気だった。

「いいえ」

「少々お待ちいただけますか？」

電話から保留音が流れたかと思うと、驚くくらいすぐに女性が電話口に出た。

「たいへん申し訳ございませんが、少々立て込んでおるようです。できましたら、次回からはお約束をいただいてからお越しいただけますでしょうか」

門前払いだった。

僕は丁寧な対応をしてもらったことに礼を言い、その会社を出た。僕たちは階段ですぐ下の階に下り、次の会社に飛び込んだ。

ここも門前払いだった。その次も、その次も、その次も。

五軒終わったので、今度は山野井さんに交替した。

僕は、山野井さんがどのような飛び込みをするのか興味津々だった。僕とは違うテクニックを駆使して入り込むのだろうか。僕はすべての行動を見逃すまいと、山野井さんを凝視した。

ところが、山野井さんのやり方も、たいして僕と変わらなかった。最初の三軒は門前払いが続き、苦笑いを浮かべている。

「やっぱり、飛び込みってたいへんだよなぁ」

なんだ。山野井さんも同じじゃないか。僕は少しだけ安心した。

結局午前中は一軒も会うことができずにすべて門前払いだった。

飛び込みというのはこれだから疲れる。自分がムダなことをしているようにも感じるし、自分自身の存在を否定されているような感覚さえ覚える。

そんなことを考えていると、山野井さんが嬉しそうに言い出した。

「それでは約束通りに行きますか？　親子丼！」

お店に行ってみるといかにもおいしそうなたたずまいで、黒く古い木造の建物は老舗を物語っていた。

僕たちはお店に入り親子丼が来るのを待った。

「それでは二人の健闘を称えて……」

と山野井さんが水で乾杯の真似事をしてきた。

「かんぱ〜い」

小さな声でグラスを当てると、すぐに親子丼が来た。

「うまい!!」

僕は思わず声を出してしまった。

山野井さんは「だろ？」と得意げだった。

食べ終わるころに山野井さんが言った。

「今どんな気持ち？」

「今ですか？　えっと……おいしくて嬉しい気持ちです」

山野井さんも嬉しそうに続けた。

「こういうふうにさ、嫌な気分を切り替えることも大事なんだよ」

確かにあの落ち込んだ気持ちで午後も飛び込みをするのと、今のような気持ちで飛び込みをしていくのではぜんぜん違う気がした。

「誰だって失敗はするし、上手くいかないこともたくさんあるんだよ。大切なのはその気持ちを引きずらないこと」

「なるほど。意識的に『切り替えよう』と思うのとはまた違いますね」

「それで切り替えられるならそれでもいいけど、気合いを入れて意識的に気持ちを切り替えようとするのは、それ自体が意識しているってことになるからね」

確かに……。

「結果を出している人は、自分をコントロールすることにもたけてるんだよ」

そんなことは誰も教えてくれなかった。でもきっと結果を出している人たちは、やり方はいろいろあるとしても、みんな切り替えが上手いのだろう。

午後一軒目

午後は替わって、山野井さんの番からだ。そこは電子機器の販売会社だった。部署ごとの内線番号が書かれた紙が壁に貼られている。

受付の位置から、オフィスの中が見える。みんなパソコンに向き合って黙々と何かをしている。会社によって雰囲気は本当にさまざまだ。

電話の相手が出ると、山野井さんは会社名と名前、訪問の目的を話している。しばらく黙っていた山野井さんがもう一度同じことを繰り返した。電話の相手が変わったようだ。何度か返事をして受話器を置いた。もしかして……。

「出てくるって」

へえ。僕と何か違うところがあっただろうか。いずれにせよ午後一番から幸先のいいスタートだ。

「飛び込みですか、たいへんですね」

威勢のいい声が背後から聞こえた。振り返ると、少し白髪の交じった中年の男性が立っていた。山野井さんは名刺を取り出し、その人のところへ近寄った。

「お忙しいところ、突然お邪魔して申し訳ございません。山野井と申します」

その人は、名刺を差し出しながらこう言った。

「ウチも営業の会社ですから、飛び込みのたいへんさはわかっているんですよ」

同情して出てきてくれたのか。見込みは薄いな。

その人は常務で、営業を統轄《とうかつ》しているという。山野井さんと僕をフロアの端にあるブースに案内すると、座るよううながした。

山野井さんは、この新しいビルの話題から入った。

いつ入居した？　前はどこにいた？　何で移ろうと思った？　移ってから何が変わった？　矢継ぎ早に質問していくが、肝心の商品の話は一切しない。

最初は通り一遍の返事をしていた常務だったが、山野井さんが営業についての話をし始めると、徐々に場が盛り上がり始めた。

「おたくも営業だからわかるでしょう？」

常務が少し声を潜めた。

「営業マンのモチベーションをいかに上げるか。これがなかなかたいへんなんですよね」

「おっしゃる通りですね」

そう言うと、山野井さんも少し声のトーンを落として続けた。

「実は、うちの会社は営業マンのモチベーションを上げるためにちょっと変わったことをやっているんですよ」

常務はおもむろに、テーブルの上に置かれた山野井さんの名刺を手に取った。

「へぇ、どんなことですか？　ちょっと聞いてみたいですね」

「もちろん、お話しさせてください」

そう言うと山野井さんは自社のことを中心に、今までいろいろな人から聞いた話も交えて営業マンのモチベーションを上げる話をしていった。

「山野井さんは、かなり売ってきたんじゃないですか？　営業の指導で重視するべきことって何ですかね？」

常務がまた名刺を手にしながら質問してきた。

あれ？　山野井さんの呼び方が「おたく」から「山野井さん」に変わった。

「ただ、口頭でお話しするより、少しポイントをまとめたものをお渡ししたほうがわかりやすいと思うんです。今度お持ちしてもよろしいですか？」

常務が身を乗り出す。

「ああ、ぜひお願いしたいですね」

「では、来週の月曜日か火曜日はいかがですか？」

常務はポケットから手帳を取り出す。

「えーと、月曜だったら三時ごろなら空いてますよ」

「そうですか。では、その時間にお持ちいたします」

常務は手帳に書き込みながらつぶやいた。

「月曜、三時、と。楽しみだなぁ」

常務が顔を上げるのを待って、山野井さんはこう言った。

「では、今日はこれで失礼いたします。お忙しいところ突然お邪魔して、たいへん申し訳ございませんでした。来週もよろしくお願いいたします」

あれ？

商品の話は？

飛び込みで入った先でこれだけ親密な話ができたのだから、少しぐらい提案してもいいんじゃないのか？

それにしても、いとも簡単に次の約束が取れてしまった。

山野井さんは、別に次も会ってくれと拝み倒したわけではない。ただ雑談をして、その流れでもう一度会うことになっただけだ。

でも、常務の反応はすごく良かった。営業マンのモチベーションの話になってからは、山野井さんのほうが上の立場にさえ感じた。

最後の飛び込み

その後、二人とも門前払いが続いた。

「今日はこれで最後」と二人で約束して、山野井さんが通りから奥まったところにある小さな印刷会社の前で立ち止まった。

「『寅さん』に出てくる、タコ社長の印刷会社みたいだなぁ」

そう言うと、入り口の開き戸をガラガラと開けた。

「ごめんください！」

顔を見せたのは、本当にタコ社長のような風貌の人だった。僕は思わず笑いそうになってしまった。

「おぅ、なんだ？　営業か？」

山野井さんが生命保険の営業であることを堂々とした口調で伝えると、

「おぅ？　なんだ匂いでもしたか？　入りな！」

不思議な空気のまま僕たちは中に入った。

僕が笑ってしまいそうになった人は本当に社長だという。会社の中は雑然としてはいるものの、何だか明るい雰囲気をかもし出していた。元気なタコ社長の影響だろうか。タコ社長はソファに座るなり、こう切り出した。

「ちょうど良かったよ。今、保険の見直しをしているところなんだ」

なんという偶然。トップ営業マンは運も引き寄せるのだろうか。

「そうですか」

山野井さんは冷静な声で返した。喜びを噛み殺しているのか？

「この不景気だろ？　会社の保険を本当に必要かどうか見直して、必要のないものはやめようと思ってな」

「なるほど」

「でも、本当に必要かどうか、俺にはよくわからねぇんだよ。あんたさ、ちょっと見てくんねぇかな？　今よりいいものがあればあんたんとこから入るからさ」

「よくわかりました。その前に、ちょっとお話を聞かせていただけますか？」

そう言うと、山野井さんは社長の家族構成、年収などのほか、会社の業務内容や従業員の構成など、初対面ではなかなか聞けないようなところまで、遠慮するふうでもなく聞いていく。

やっぱり、山野井さんは聞き出すのが上手いなあ。けっこう踏み込んだところまで聞いているのに、社長は嫌な顔ひとつしていない。僕なら、こんなふうにズケズケと踏み込んでいけないだろうな。

ひと通り話が終わると、山野井さんは保険とは関係のない方向へ話題を変えた。

「社長、この会社のこれまでのことや、今後のこともお聞かせいただいてよろしいでしょうか？」

「それも保険に関係あるのかい？」

「社長のお考えを知る上で、大切なことです」

「わかった。いいよ」

二人の会話は、徐々に熱を帯びていった。僕にも、この会社に対する社長の熱い思いが伝わってくる。

「社長、お考えがよくわかりましたので、今入っておられる内容を拝見したいと思います。よろしいでしょうか？」

「ああ、いいとも」

そう言って奥に引っ込んだ社長は、ファイルを脇に抱えてすぐに戻ってきた。

資料の入ったファイルを受け取った山野井さんは、ひとつひとつの内容を丁寧に見ていく。しばらく考え込んだのち、ファイルを社長に返して言った。

「社長、私の見たかぎりでは、今の状態はベストです」

「そうなのか⁉」

驚いた声を出す社長。

「はい。減らすことはできません。すべての保険が社長にとって絶対に必要な保険です。私は、このまま継続することをお勧めします」

「そうか。アイツは嘘を言ってなかったんだな」

「アイツとおっしゃるのは、この営業の方ですか？」

「そうだ。絶対に必要だと言ってたんだけど、半信半疑でなぁ」

「そうですか。いいご提案をされていると思いますよ」

「ふーん」

社長は笑みを浮かべている。かなり嬉しそうだ。

「二人の営業マンに太鼓判を押されたんだから、このまま続けることにするよ。ところでさ……」

「はい？」

「丁寧に見てもらったお礼に、何かあんたから入ってもいいぞ。そんなにたいそうな額は払えねぇけど、少しなら考えてもいいぞ」

これはラッキーだ！　いきなり契約まで行ってしまうぞ。こんなありがたい展開はめったにない。そう考えていると、社長の言葉を聞いた山野井さんの口調が強くなった。

「社長、私はベストだと申し上げたはずです。社長にとって今の保険を続けるだけで十分です。私は、必要のないものを売るつもりはありません」

えっ!?　こんなチャンスをみすみす見逃そうというのか？　山野井さんはいったい何を考えているんだろう。しかも、こんなキツい言い方をしたら、社長に失礼じゃないか。

きっと周りの従業員もこのやりとりを聞いているんじゃないだろうか？　黙々と仕事

をしているように見えて、絶対聞いているはずだ。僕がそんなことにまで気をとめてしまうほど、時間が止まり、周りの空気が変わった気がした。

「……」

社長は穏やかな顔で、機嫌を損ねているようには見えない。黙ったまま机の上に置かれた名刺を手に取り、深く息を吐いてから言った。

「山野井さん、あんた今まで俺が会った営業マンとはちょっと違うな」

まただ。呼び方が「あんた」から「山野井さん」に変わった。

「入ってもいいと言っているのに、保険を売らねぇなんて言われたのは初めてだ」

「失礼な言い方をして申し訳ございませんでした」

座ったままだったが、山野井さんは深く頭を下げた。

「いや、そういう意味じゃねぇよ」

「もちろん、社長にとって必要であれば、私も商品をご提案させていただきます。でも、私はこの業界のプロとして、今の状態がベストだと判断しました。お付き合いで入られると、ムダなお金を払うことになりますし、先ほどお聞きした通り、そのお金は社長をはじめ従業員の方々みなさんで頑張った結果の大切なお金ですから」

「山野井さんは面白いな」

「恐れ入ります」

「せっかくきたんだ。お茶菓子でも食べてってくれよ」

「ありがとうございます」

社長は自らお茶を入れ直してくれた。さっき一瞬止まったように感じた周りの空気が、遅れを取り戻すかのように動きを速めた。

社長と山野井さんは、しばらく雑談を交わした。

「では社長、お忙しいでしょうから、そろそろ失礼いたします。突然お邪魔して申し訳ございませんでした」

社長は、わざわざ僕たちを玄関まで見送りにきてくれた。

「山野井さん」

「はい」

「俺の仲間に、やっぱり保険を見直したいって言ってた経営者がいるんだ。ぜひアドバイスしてやってくんねぇかな?」

「ありがとうございます。喜んでお引き受けいたします」

「ちょっと待っててくれ」

社長は走って事務所に戻り、すぐに手帳を持ってきた。ページをめくりながら、その人の名前と連絡先を読み上げた。

「先方には、今日中に俺から連絡を入れておく。だから山野井さんは、明日以降連絡してみてくれねぇか?」

「わかりました。ありがとうございます」

「近くに来たら、また寄ってくれよな」

「はい。必ず」

僕たちはその会社をあとにした。

社長と山野井さんは理解し合ったみたいだけど、僕はやっぱりもったいなかったんじゃないかと思ってしまった。せっかく入ると言ってくれたんだから、少なくとも商品の説明ぐらいはしてもよかったんじゃないか。

それにしても、山野井さんはすごい。飛び込みで見込み客まで舞い込んできた。僕にはこんな形で紹介してもらったことなど今まで一度もなかった。


「アポイントの時間は大丈夫？」

時計を見ると、もうすぐ四時になろうとしていた。

「大丈夫です。まだ少し時間があります」

そう言ってから、僕は山野井さんに向かって言った。

「ちょっと質問してもいいですか？」

僕はその会社を出てから、山野井さんにどうしても聞きたいことがあった。

「いいよ」

山野井さんは僕に歩くように促した。

「初めの電子機器の販売会社の常務ですが、あれだけ話が盛り上がったのに、商品の話は一切しませんでしたよね」

「うん」

「反対に、今の印刷会社の社長には、前置きもなくいきなり商品の話に入っていきましたよね。この違いって、いったい何なんですか？」

「いい質問だねぇ」

山野井さんは一拍空けてから続けた。

「先週の金曜日の商談、覚えてる？」

「もちろんです。山野井さんが何で時間前に切り上げたのか、僕が突っかかった海老沼社長の商談ですね？」

「そうそう。俺が社長と向き合ってからすぐに仕事の話をしないで、壁にかかっていた絵の話から、従業員のモチベーションアップの話をしたでしょ？」

「そうでしたね」

「あれ、何でだかわかる？」

「いきなり商談に入るのは、失礼だからですよね？」

「うーん……、確かに間違いじゃないんだけどねぇ。先週の商談を見るかぎり、キミも新聞で仕入れた話題から入っていたから、いきなり商売の話から入るべきじゃないことはわかっていると思う」

「じゃあさ、よく考えてみようか」

「はい」

「キミはお客さまのところを訪問するとき、どんなことを考えて行く？」

「それは、もちろん商品を売ることです」

「まあ、普通はそうだよね。俺たちは営業マンなんだから、商品を売りに行くというのは必ずしも間違っていないよ」

「ですよね？」

「じゃあ反対に、キミを迎えるお客さまは、そのときどんなことを考えながらキミに向き合っていると思う？」

「面会を承諾していただいたということは、僕たち営業マンほどではないにしても、僕たちの保険に関心を持ってくれているんじゃないでしょうか」

「そうかな？　俺はそうは思わないなぁ」

「え、そうなんですか？」

「お客さまは、キミから商品の話をしっかり聞きますよという頭にもなっていないと思うよ」

「じゃあゼロってことですか？」

「頭の隅っこに、ほんの少しぐらいはあるかもしれないけど、だいたいほかのことを考えているものだと思う」

「例えばどんなことですか?」

「お客さまの立場に立って考えてごらんよ。キミが経営者だったとしたら、常に頭の中で考えているのは何だと思う?」

「売り上げですかね」

「ほかには?」

「コスト削減」

「ほかには?」

「魅力ある商品やサービスをいかに開発するか、とかでしょうか」

「だよね? それに、あのとき俺が話した従業員のモチベーションを上げるためにはどのような策を講じればいいかということもそうだろうね」

「確かにそうですね」

「だから、今日の販売会社の常務もこっちの話に関心を持っていただけたんじゃない?」

「そうか」

「つまり、キミとお客さまの頭の中はまったく違う構成になっているんだよ」

「なるほど」

「お客さまは保険を考える頭になっていないのに、キミは一〇〇パーセント保険を売る頭で向き合っている。そんな二人が話をしたって噛み合うはずがないでしょ？」

「……」

「これはさ、警戒心を持った靴をはく習慣のない原住民の人に、日本人の営業マンが靴を買えと言っているようなものだと思うんだよ」

「確かに、必要ないですもんね」

「いや、そうじゃないよ。必要か必要じゃないかっていうのを、まず確かめないと」

「そうか」


「じゃあさ、それを確かめるにはどうしたらいいと思う？」

「その人たちに聞いたらどうですか？」

「う〜ん、それだけでは必要かどうかなんて教えてもらえないよ。警戒心があるからね」

「……観察する？」

「それも大事だよね。でも観察するだけで警戒心はなくなる？」

僕はテレビで観たことのある、日本人のタレントが原住民たちと数日一緒に暮らして、涙を流しながら別れを惜しむシーンを思い浮かべた。

「ああ、その人たちと一緒に生活する」

「そう！　自分も裸足になって、一日でも二日でも一緒に生活してみるんだ。飛んだり跳ねたり、水汲みに行ったりして過ごす。そして、夜寝る前に彼らの足を見たり話を聞いたりする」

「なるほど」

「そうすることで相手も『こいつは自分たちのことを理解しようとしてくれている』と思って、初めていろいろと話をしてくれるようになる。

そこで、実は小さな子どもは皮膚が弱いから傷口からバイ菌が入って困っているなんて話が出てくる。しかも、その傷にバイ菌が入ったために化膿《かのう》して、足を切断しなければならなくなった子どももいるなんて話が聞き出せたとしたら……」

「そこで初めて、子どもだけでも靴をはかせる必要があるんじゃないかという提案ができるというわけですね」

「そう。お客さまと歩調を合わせて、お客さまの世界に入っていくからこそ、お客さまの警戒心が解けて、望んでいることが見えてくるんじゃないかな？」

「僕みたいに最初からこちらが考えた商品を押しつけても、お客さまが必要性を感じていないどころか、会話自体がまったく成立しないわけですね」

「その通り。これをチューニングと言うんだ」

「チューニング……。それは、アイスブレイクとは違うんですか？」

「違うね。アイスブレイクは雑談でその場をやわらげようって話でしょ。チューニングは相手の興味のある話をして、相手の考え方に合わせていく感じかな。

だから観察力も必要だし、考えることも必要なんだよ」


観察力という言葉を聞いて、僕は二週間前に行った伊達社長のところでの山野井さんの行動を思い浮かべていた。

「伊達社長のところに行ったときに、山野井さんは壁にかかっている書にずいぶん興味を持っていましたよね？　あれも、もしかして？」

「そうだね。人の目のつくところに自分の書いた書を飾っているんだよ？　しかもすべてに感謝という意味で『全謝』なんて文字を。そこには伊達社長の思いや今までの苦労なんかもすべて凝縮されているように思ったんだよね」

そうか、だから山野井さんは商談が終わったあとも「いつ書いたんだろう？」とあの書に興味を持っていたのか。

「あの書でチューニングすることができたかもしれないということですね？」

「そうだよ。それにね、伊達社長が会話の中で『協力業者さま』って言ったんだよ」

僕にはまったく覚えがなかった。

「たぶん、あれはいわゆる下請け業者のことだと思うんだ。それを協力業者さまなんて表現する社長は初めてだったんだ。

書のことといい、その呼び方といい、だから伊達社長ってどんな人なんだろう？　どんなことを大切に考えているのだろうって思ったんだよ」

山野井さんの観察力は僕の想像を超えている。当然だけど僕と山野井さんにはものすごく大きな差があると感じた。

山野井さんは続けた。

「だから俺はいつも周りを隅々まで観察するようにしてる。商品どうこうの前に自分自身も相手のことに興味を持ちたいんだよ。自分が興味がないとチューニングできないからね。そしてチューニングできそうなことを見つけたら、相手と頭の中をチューニングしていくんだ」

「わかりました、でも……」

「でも？」

僕は山野井さんに何でも聞くようになっていた。

「失礼な言い方かもしれませんが、そういう話ができるようになるのには山野井さんのような経験や年月が必要なんじゃないでしょうか？　僕や入社の浅い人間には社員のモチベーションを上げる話もできませんし、社長に話をするネタがないように思うんですが？」

山野井さんは「そういうふうに疑問を隠さないでドンドンぶつけていくことを忘れないようにしなよ」と前置きをして答えてくれた。

「俺とまったく同じ切り口じゃないとダメなんて言ってないでしょ？　社歴の浅い人に

は浅い人の武器があるんだよ。

例えば、社長や部下を持った人たちには最近の若い人の考えていることがわからなかったりするよね？　それをわかりやすく、例えなんかも入れたりしながら話してあげるなんていうのも面白いと思うけどね」

「なるほど。確かに、以前社員向けにイベントを考えているっていう部署の方に同じようなことを聞かれたことがあります」

「でしょ？　ほかにも考えればたくさん切り口はあると思うけどね。

そうやって相手とのチューニングができれば、こちらの商品の話をするのも、次回のアポイントを取るのもそれほど難しいことじゃないよ。

もっと言えば、いきなり本題に入ったっていいんだよ」

「さっきはそうでしたもんね」

「あの印刷会社の社長は、ちょうど保険を見直そうと思っていたと言ったよね」

「そうか！　すでにチューニングが合っているということですか？」

山野井さんは大きくうなずいた。

「『いきなり本題に入るな』ということの本当の意味をわかっていない営業マンが多す

ぎるんだろうね」

「僕の場合も、雑談が雑談のままで終わっているのが問題なんですね？」

「ははは、その通りだね。相手もただの雑談だと思ってるよ。二人の関係に何の進展もないただの雑談だね。

重要なことは、まず自分が相手に興味を持つこと、商品を買ってくれるかどうかとかではなくてね。そして、チューニングしながら信用できる人間であることを感じてもらうこと。そうすることで相手の話しやすい環境を作ることだね。そしてコイツの話は面白いなと思ってもらえれば最高だね」

山野井さんはそう言って穏やかな笑顔を見せていた。


ちょうど駅に着いた。

「今日はありがとうございました。明日もよろしくお願いします！」

僕は山野井さんと別れて、反対方向の電車に乗った。

今まで五年以上も営業の仕事をしてきたのに、僕は根本的なことをわかっていなかったのかもしれない。現に山野井さんから教えてもらうことがすべて新鮮に感じられる。
家に帰ったら夕食を食べる前に、忘れないうちにノートに書いておこう。
電車に揺られながら、僕はずっと仕事のことを考えていた。

第一一章

聞くことの大切さ

第三週　火曜日

翌日、出社して新聞に目を通していると、山野井さんが近寄ってきた。

「おはようございます。今日は早いですね」

「うん、おはよう」

山野井さんはいつも通り明るく答えると言葉を続けた。

「先々週さ、キミが末永くんにロープレの相手をしてもらったときに、アドバイスされたことがあったよね？　確か……」

「ああ、あれは相手の話を最後まで聞き終わらないうちに、重ねるようにしゃべり出すくせがあったようで、もう少し待ってみたらどうだというアドバイスでした」

「ああ、そうそう」

「それが何か？」

「どうしてそんなに会話を急ごうとするの？　普段の会話ではそんなこと感じないけど」

「まあ、僕もそんなつもりはないんですけどね。ただ……」

「ただ？」

「もしかしたら、お客さまの言おうとしていることがだいたいわかるので、早く先に進めたいと思ってしまっているのかもしれませんね」

「ふーん。まあ、そのくせについては意識して待つようにすれば治るからいいと思うんだけど……」

「？」

「キミは、本当にそれで話がわかるの？」

「雰囲気とか流れを見れば、ほとんどの場合間違えないと思うんですけど」

「なるほどね。わかった」

「何がですか？」

「問題は、話を最後まで聞かないで、お客さまの言おうとしていることがわかると思っているキミの姿勢なんだよな」

「そうなんですかねぇ」

確かにそうかもしれないけど、それで失敗したことはない……と思う。

「俺はさ、聞くことってかなり重要なポイントだと思っているんだよ」

山野井さんが言うからには、何か奥に深いものがあるのかもしれない。僕は山野井さんの目に、続きを話してくださいと訴えかけた。

「午前中の予定は？」

山野井さんが腕時計を見た。

「一〇時にアポイントが入っています」

「じゃあ、出かけようか」

「え？　まだ八時過ぎですよ」

「お客さまのところにお伺いする前に、聞くということについて、キミとちょっと話してみたいからさ」

そう言うと、山野井さんはさっさとオフィスを出て行った。僕は慌てて身支度を整えると、山野井さんのあとを追った。

僕たちは、一〇時にお伺いするお客さまの最寄り駅まで先に行き、駅近くのカフェでコーヒーを飲みながら話を始めた。

山野井さんは紅茶をすすり、テーブルに身を乗り出して続けた。

「営業マンにとって、話すことと聞くことはどっちが大事だと思う?」

「さあ、半々ですかね」

「あれ? 俺が聞くことが大事だって言ったから、そう言ってるんじゃない?」

ばれている。

「正直、そうです。話すことのほうが大事だと思っていました」

「じゃあ、その大事さの割合って、どんな比率だと思っていた?」

「そうですね、話すのが八割、聞くのが二割ぐらいですか」

「だよね? たぶん、ほとんどの人がそう思っているはず」

「山野井さんはどうなんですか?」

「俺は、まったくその逆だと思っているんだよね。聞くことが八割で、話すことが二割ぐらいかなぁ」

「そんなに?」

「うん。これは俺が勝手に思っているだけじゃなくて、真実だと思うよ。そのことに気づいていない営業マンが、あまりにも多すぎると思う」

山野井さんにしては珍しく、強い言葉だ。

「なぜだと思う？」

「お客さまのご要望をしっかり聞かないことには、お勧めする商品にメリットがあるかどうかわからないからですか？」

「まあ、そういうことなんだけどさ、まずは商品から離れて考えてごらん」

「……」

「じゃあさ、問題を解決するってよく言うけど、それってどういうこと？」

あ、そうか。

「問題を解決するには、まずは何が問題なのか知らなければならないからですね」

「そうだよね？」

「だからこそ、お客さまにとっての問題をこちらが知るためには、聞くことがとても大切になってくるということか」

「でもうちの会社もそうなんだけど、ロープレなんかをはじめ、営業マンはみんな話す練習はたくさんするよね？」

社内だけじゃなく、外部の研修でもプレゼンやロープレのスキルアップは人気のプログラムになっている。書店にも話し方の本はたくさん並んでいるし、だいぶ前だけど僕も買ったことがある。

「そうですね」

「もちろん、話す訓練が必要ないって言ってるわけじゃないよ。でも、話す練習が一〇割で、聞く練習はゼロ」

「確かに」

「聞くことは重要なのに、練習しないなんておかしいと思わない？」

「そう言われてみればそうですね。今まで考えてもみませんでしたけど」

「でしょ？」

「だいたいさ、世の中に話し方教室はあるけど、聞き方教室なんてないでしょ？」

そういえば、聞いたことがない。

どうしてだろう？

「どうしてだと思う？」

「……そもそも、方法論がないんですかね。だから、教えにくい……」

「そうなんだよ！」

当たった。

「聞くことを教えるのは、かなり難しいことなんだ」

どうしてだ？

「話すことは、テクニックである程度は向上させることができる。だからみんな練習するんだよ。でもさ、聞くことはテクニックじゃないんだ」

「じゃあ、何なんですか？」

山野井さんは微笑んだ。

「これがわかれば営業マンの悩みのほとんどが解決するかもしれないくらい大切なことだよ。今日はそれを知るための一日にしてみようか」


聞くことはテクニックじゃない。

僕はこの言葉を意識して商談に臨んだ。横では山野井さんが聞いている。いろいろなところに意識が分散してしまい、いつも以上に緊張してしまった。

何を聞けばいいんだろう。

結局、一時間に及んだ商談でも何も進まずに終わってしまった。

外に出ると、山野井さんが切り出した。

「途中で、お客さまに年収を聞いたよね？」

「はい」

「そのとき、どうしてキミは『失礼ですが』って言ったの？」

「え？　いけなかったですか？」

「いいか悪いかじゃなくて、どうして言ったの？」

「それは、お客さまのナーバスな部分に踏み込む質問ですから」

「ナーバスな部分に踏み込む質問だと、どうして『失礼ですが』になっちゃうの？」

「それは……」

「遠慮？」

「それもあると思います」

言葉に詰まった。

「キミはさ、前から似たような言い方をしてるんだよな。例えば『できれば教えていただきたいのですが』とか『答えにくい質問かもしれませんが』とか。どうしてそういう言い方をするのかなぁ？」

ふと思い浮かんだ。

「……怖いんだと思います」

「怖い？」

「お客さまに『そんなこと言うの嫌だよ』って怒られるのも怖いですし、気を悪くされて商談がなくなってしまうのも怖いんです」

「なるほどね」

山野井さんは黙り込んだ。しばらくして、また口を開いた。

「まずさ、キミが『失礼ですが』って言い方をすると、お客さまは身構えちゃうんじゃないかな？」

「身構える？」

「だってさ、キミは自分から聞きにくいことを聞いていますという態度を見せているんだよ。相手がそんな態度をしていたら、お客さまも気軽に言えることじゃないのかもしれないというイメージを持ってしまうんじゃないかな？」

「はあ」

「いったん身構えてしまったら、それをほぐすのはたいへんじゃない？」

「そうですね」

「それに、キミはお客さまのナーバスな部分に踏み込むって言うけど、例えば年収をお聞きすることが、踏み込むことなの？」

「そう思いますけど……」

「じゃあさ、何でキミは踏み込む必要があったわけ？」

「それは、お客さまにとって最適な内容を提案するためです」

「そうだよね？　今日のお客さまは、生命保険に入らなければならないと考えていた。つまりさ、保険に入っていない今の状態を、問題だと思っているんだよね？」

「はい」

「そのお客さまの問題を解決するために必要なこと、この場合は年収だけど、それをお聞きするのに、失礼も何もないんじゃないの？」

「そうですかね……」

「むしろ、俺は聞いて当然の質問だと思うよ。だってさ、お客さまの年収をお聞きしないで、どうやってベストの提案をするっていうの？」

「できないですね」

「でしょ？　商品を売るという視点じゃなくて、お客さまの問題を解決するという視点に立てば、そういう変な気使いは必要ないんじゃない？」

「そうですね」

　その後も山野井さんは、僕が商談中にお客さまに聞けなかったことを、いくつも挙げていった。

「勘違いしないで欲しいんだけど、『失礼ですが』という言葉がダメって言ってるんじゃないんだよ。気使うことは素晴らしいことだからね。

　そういうことを『申し訳ない』と思ってしまう、キミの気持ちのもとが問題なんだよ」

「僕の気持ちのもと……？」

「そう。キミは自分の商品を売るためだけにヒアリングしているでしょ？」

「……」

「つまりさ、聞くことを商品を売るための情報収集と勘違いしているんだと思うよ」

その通りだった。

「例えば奥さんやお子さん、親御さんのことを聞かないと、その人が必要としている商品がどんなものなのかわからないよね？」

「そうですね」

「それに、その人がどのような人生を過ごしてきて、これからどのような人生を送っていきたいかということを知らないと、その人は何のために保険に入ろうとしているのかもわからないはずじゃない？」

「……」

「もしかしたら、本人は保険に入らなければならないと考えているけど、本当は保険ではなく、別のものが必要なのかもしれないじゃん」

確実に、僕の弱いところが指摘されている。

僕は保険を売ることを最優先に考え、そのための情報を引き出すためだけにお客さまに質問していた。契約してもらうためには、お客さまの気分を害してはならない。

すべては契約のためだった。

僕はタコ社長と山野井さんのやりとりを思い出していた。

山野井さんはタコ社長の年収や家族構成などを、堂々とした態度で何のちゅうちょもなく聞いていた。会社のこれまでのことや今後のことを聞きたいと言ったときも、堂々としていた。

タコ社長もその態度に、むしろ信頼を感じた様子だった。

あれはきっとタコ社長に商品を売ろうとしていたのではなく、役に立とうという気持ちが第一にあったからこその態度だったのだろう。そして実際に、山野井さんは商品を売ろうとしなかった。

「保険を売りたいからその人の背景を探る、というのが悪いわけじゃないんだよ」

「じゃあ、どう考えれば……」

さっぱりわからなかった。その違いは何なのか。

山野井さんは冷めている紅茶を口に運んで続けた。

「まずさ、お客さまのことを好きになってごらん」

「好きになる？」

「そう。お客さまを、保険を買ってくれる人と考えずに、ひとりの人として好きになれば、当然興味や関心が出てくるよね？」

「そう、でしょうか？」

「その人の発言や行動が知りたくなるし、何でそういう発言や行動をするのかという背景も自然と知りたくなるはず」

「はあ」

「最初は興味だったけど、その人のことを深く知れば知るほど、その人のことが好きになっていく。その人が困っていたり悩んでいたりしたときには、自然と役に立ちたいと思えるんじゃないかな」

「なるほど」

「その人が何かをしようと頑張っているときに、自然と応援したいと思えるようになるんじゃないかな」

「そうですね」

「だから、その人が困ったり悩んだりしていることに役に立つために聞かなければならないこと、あるいは頑張っていることを応援するために聞かなければならないことは、遠慮や恐怖を感じることなく、堂々と聞けるようになるんじゃないかな」

「なるほど」

僕には、お客さまのことを好きになろうなどという発想はまるでなかった。

お客さまに気持ちよくなってもらうために、自分が嫌われないために、その結果として、契約を取るために営業していた。

ようやく山野井さんの言っていることがわかってきた。

「いろいろ言ったけど、話を聞くことっていうのは、経験を積んでいくことで身についていくと思う」

「熟練の技ってことですね？　時間がかかりそうです」

「違う違う、聞くことはテクニックじゃないよ」

「？」

「ここの問題だね」

山野井さんは左胸を握りこぶしで軽く叩きながら言った。

「心が必要なんだよ」

「心、ですか?」

「そう。好きになるってことは、当然心のことでしょ? だから話すことはテクニックとして上達できるけど、聞くことは心がないとできないんだよ」

「心……」

「どれだけ相手に興味を持てるか。どれだけ相手の役に立とうと思って向き合うことができるか。どれだけ相手を応援したいと思えるか。つまり、どれだけ心で相手に接しているかによって、聞くことが上達していくんだよ」

心で聞くかあ。

言っている意味はわかるけど、正直自分に落とし込むのは難しいと思っていた。

「そういえばさ、明日の予定ってどうなってる?」

山野井さんは突然話を切り替えた。

「午後はアポイントが詰まっていますが、午前中は空いています」

「そう。ちょうどよかった。じゃあさ、午前中は空けておいてくれる？」

「いいですよ。また飛び込みですか？」

「そうじゃなくて、ちょっと行きたいところがあるんだよ」

「わかりました。どんなお客さまですか？」

「いやいや、家電量販店に行きたいんだよ」

「へ？」

「キミ、スマホ詳しい？」

何だ？

「いえ、そんなでもないですけど……」

「携帯を買い替えたいんだけど、ちょっと迷っちゃってさ」

「えっと……」

それは僕も行く必要があるんですか？

「何だよ、いいじゃん。ちょっと付き合ってよ」

「まあ、いいですけど……」

「じゃあ、よろしく」

山野井さんは、本当に捉えどころのない不思議な人だ。

第一二章

お客さまは問題を解決して欲しい

第三週　水曜日

翌朝、僕たちはいつものようにオフィスをあとにした。

昨日別れたあと考えてみたが、山野井さんのことだから、家電量販店に僕を連れて行くのにも、何かそれなりの意図があるのだろう。だからちょっとワクワクしていた。

地下鉄に乗ると、僕はふと思い出した。

「そういえば、山野井さんってスマホじゃなかったですよね？」

山野井さんの表情がパッと明るくなった。

「そうなんだよ。スマホって複雑そうな気がするし、今の携帯で十分って感じなんだよ」

「じゃあ、どうして買い替えようと？」

「携帯の機能と手帳の機能が両方満足できるものがあれば買い替えてもいいと思っているし、やっぱり携帯は今のままが使いやすいとなれば、手帳の機能だけのためにスマホを買って、二台持ちでもいいかなと思ってるんだ」

「へぇ」

「ただ、おサイフケータイは必須ね。これは便利に使っているからさ」

「そうなんですか」

伝説の営業マンは、スマホをどんな買い方で手に入れるのだろうか。僕たちとは違う視点で選ぶのだろうか。その過程で、僕に何を見せたいのだろうか。考えると楽しみになってきた。

僕たちは、駅の地下から直結している、広大な売り場面積の家電量販店に入った。まっすぐに携帯電話売り場へ向かう。

スマホのコーナーに行くと、すぐに店員さんが近づいてきた。

「何かお探しですか？」

スマホ売り場に来ているのだからスマホを探しているに決まっているじゃないか。

「ええ、まあ」

「今、最も人気のあるタイプは、こちらになっています」

店員さんは、陳列棚に「今、一番売れています！」という派手なポップの貼られたスマホを指さした。

「どうして人気なんですか？」

山野井さんが質問する。

「いくつかありますけど、まず液晶がきれいですね。それから、スピードが格段に速いんですよ」

「へぇ、そうなんですか。でも、僕はほとんどネットはやらないんですよね」

店員さんは、少しあきれた表情をしている。今どき、スマホでネットをやらない人なんて。そんな感じだ。

店員さんは、それでもめげずに売り込んでくる。

「それに、今までのタイプに比べて、機能が充実しているんです。若いお客さまにはたいへん好評なんですよ」

「まあ、僕は若くないけどね」

自信満々の店員さんに対して、山野井さんの反応が笑える。

「最近は、お風呂にスマホを持ち込む方が増えてまして、防水機能が強化されたことで安心だというご意見もいただいております」

「携帯をお風呂になんか持ち込まないですよ」

「そうなんですか……。ワンセグなんかもですね……」

第三者の立場で二人の会話を聞いていると、それぞれの対応がよく見える。

店員さんは山野井さんの反応などお構いなしに、このスマホの「ウリ」となっている機能を並べ立てているだけだ。


「今ですね、僕は携帯で電話とメールをやって、スケジュール管理は手帳を使ってるんですよ」

業を煮やした山野井さんが切り出した。

「はあ」

店員さんの顔が引きつっている。

「スマホを買って手帳の代わりになるなら買い替えたいと思って」

「そうなんですか。それでしたら、こちらはスケジュール機能が初めから充実しているいると思います」

山野井さんが、渡されたスマホをいじっている。

「これは一ヵ月単位の画面ですが、一週間には展開できないんですか？」

「ああ、もちろんできます」

そう言って山野井さんからスマホを受け取ると、店員さんは実演して見せた。

「あ、なるほど。なかなか見やすいですねぇ」

「そうなんですよ」

「これ、いいなぁ。ところで、これにはおサイフケータイがついているんですか？」

「いえ、このタイプはついていないですね」

「何だ、そうなんですか。まいったなぁ」

「お客さまは、おサイフケータイを使われるんですか？」

「そうなんですよ、かなり使います」

山野井さんはがっかりした様子だ。どうするんだろうか。

「ちょっと、そのへんをもう一回りしてきますね」

やっぱり、やめるよなあ。

「お待ちしております」

店員さんは型通りに頭を下げたが、表情はくもっている。代弁すると「なんだ、ここまで対応したのに買わないのか」といったところだろうか。

「じゃあ、行こうか」

「はい」


売り場を離れると、山野井さんが小声でつぶやいた。

「ここはだめだなぁ」

僕たちは、下りのエスカレーターに向かった。

「帰るんですか？」

「ごめん、もう一軒だけ付き合ってくれる？」

何か面白い。僕も、もう一軒行きましょうよと言うつもりだった。

「もちろん、いいですよ」

かつて、客と店員のやりとりを、こんなに客観的に見たことはなかった。とても勉強になる。商談では気づくことのできないことを見させてもらっている気分だ。


僕たちはその量販店を出て、別の量販店に入った。

まっすぐにスマホ売り場へ行くと、山野井さんはいろいろなスマホを手に取って見ていた。自分の携帯を取り出しながら、スマホは携帯とどう違うのか。画面を見比べたりしながら触っている。しばらくすると、山野井さんがキョロキョロし始めた。

するとこちらを気にしていたかのように、すぐに店員さんがかけ寄ってきた。笑顔の店員さんは、こんな言葉から切り出した。

「お客さま、今お持ちの携帯電話で、何かご不満なところがおありですか？」

お、今度の店員さんは、違う切り口から入ってきたぞ。

何か探しているという漠然としたつかみではなく、不満な点というピンポイントで攻めてきたのか。やるなあ。

「いえ、不満があるっていうわけじゃないんですけど、最近はみんなスマホを持っているし、ちょっと考えてみようかなって思って」

山野井さんはクールな応対だ。

「そうですか。お客さまは今、携帯をどのようにお使いになられていますか？」

「もっぱら、電話とメールですね」

「ネットはお使いにならないのですか？」

「そうですねぇ。あまり使わないかなぁ」

「なるほど。ほかにこれだけは外せない機能というのはございますか？」

「おサイフケータイですね」

「それは絶対に必要なものですね？」

「はい。かなり便利に使わせてもらっているので」

「ほかにはございますか？」

「そんなところですね」


「では、買い替えられるに当たって、今の携帯に足りない機能はございますか？」

「それなんですけどね」

お、山野井さんが乗ってきたぞ。

「今、僕は手帳でスケジュール管理をしているんですけど、スマホでもできると聞いたので、それが知りたいと思って来たんですよ」

「なるほど。では、お客さまはスマホを手帳の代わりに使ってみたいとお考えになっているのですね？」

「そうなんですよ」

「そうですか。ちなみに、お客さまは今、どのようなタイプの手帳をお使いになっていらっしゃいますか？」

山野井さんはポケットから手帳を取り出し、中を開いて店員さんに見せた。

「拝見します。なるほど、見開きで一週間が見えるタイプですね」

「はい」

「この形でご不便はございませんか？」

「と言いますと？」

「これですと、パッと見て一週間のスケジュールしか確認できません。人によっては、前後の週のスケジュール、月単位のスケジュールも同時に見られるほうが便利だとお感じになる方もいらっしゃいます。お客さまはいかがですか？」

「ああ、そういえば、前後のスケジュールを見るときに、いちいち手帳をめくらなければならないのは面倒ですね」

「スマホだとそういった表示の仕方も選んで設定することができますから便利ですよ」

「でも小さくて見にくくなりませんか？」

「おっしゃる通りです。少しお待ちいただけますか？」

そう言うと、店員さんは陳列されているものの中から、二台のスマホを選んで持ってきた。標準タイプの大きさと、それよりも一回り大きいタイプだった。

山野井さんは、二台のスマホを交互にいじっている。

横からのぞき込んでいると、標準タイプは軽くてポケットに入れやすいが、スケジュールの表示が小さすぎるように見える。拡大するにはいちいち指で操作しなければならない。一方の大きいタイプは、パッと見でも把握できる。

「スケジュールを見やすいのは、大きいタイプだと思います」

山野井さんの様子をしばらく見ていた店員さんが言った。

「少し大きいですが、機能的にはこちらのほうがお客さまに合っていると思います。よろしければ、ポケットに入れてみてください」

山野井さんがスーツの左ポケットに入れた。ピッタリの大きさだった。

「おお、ピッタリですねぇ。これいいなぁ。ちなみに、おサイフケータイはついていますよね？」

「もちろんです」

山野井さんは考え込んでいる。

僕から見るかぎり、ほとんど購入を決断しそうな雰囲気に見えた。この店員さんは、それほど山野井さんの要望にピッタリのものを選び出してきた。

「ところで、お客さまは携帯をお仕事でお使いのようですが、バッテリーが切れてストレスを感じられたことはございませんか?」

店員さんが話題を変えてきた。予備のバッテリーの売り込みか?

「ああ、あります、あります。そういえば、普通の携帯よりもスマホのほうが短いんですよね? 充電器持ち歩くのも面倒ですし、コンセントを探してカフェに入るのもねぇ」

「できれば、長時間もつタイプのほうがよろしいですよね?」

「この機能があって、さらに長時間もつのがあればベストですけどね」

再び山野井さんは思案を始めた。僕も自分が買い替える気分になっている。そこへ、店員さんが思いもよらないことを言った。

「お客さま、スマホのご購入はお急ぎなんですか?」

え？　山野井さんもキョトンとしている。

「どういうことですか？」

「いえ、手帳の機能でお客さまのご要望を満たし、この商品よりもさらに電池が長持ちするタイプのものが、あと一カ月ぐらいすれば発売されるんです」

「そうなんですか！」

山野井さんはかなり大きな声を出した。

「ただ、問題がひとつだけあります」

「何ですか？」

「このタイプよりも、価格が少しだけ高くなります」

「どれぐらいですか？」

「一万円前後だと思いますが」

「それぐらいなら、まったく問題ありません」

「それでしたら、今日はご購入なさらず、しばらくは今のままで我慢なさって、新製品が発売されたときにお買い求めになったほうがいいと思います」

「一カ月かぁ。それならすぐだよなぁ」

少し考えた山野井さんは、店員さんに向かって言った。

「わかりました。では、新製品の発売時期が決まりましたら、ご連絡をいただくことは可能ですか？」

「もちろんです。お名刺か何か頂戴できますでしょうか？」

そう言うと、店員さんは自分の名刺を差し出し、山野井さんと交換した。

「いろいろご親切にありがとうございます。何だかモヤモヤしていたものが、今日でスッキリしました」

「いいえ、とんでもないです。入荷時期が決まりましたら、必ずご連絡させていただきます」

「よろしくお願いします」

二人は、笑顔でお辞儀し合った。


「あ、そうだ」

山野井さんが思い出したように言った。

「スマホを買いにくるとき、もうひとつご相談に乗っていただけますか？」

「どういったことでしょう？」

「妻がビデオカメラを買い替えたいと言っているので……」

「ありがとうございます。そのビデオカメラは、主に奥さまがお使いになるのですね？」

「そうです」

「でしたら、できましたら奥さまとご一緒にお越しいただけませんか。そうすれば、ご要望にマッチする商品がご提供できると思います」

「わかりました。そうさせていただきます」

「本日は、お越しいただきありがとうございました。一カ月後を、楽しみにお待ちしております」

丁寧な言葉で見送る店員さんは、また深くお辞儀をした。

僕たちは売り場をあとにし、店の外に出た。小春日和の快晴だった。僕のことじゃなかったけれど、なんだか気分が晴れやかだった。

「今日は付き合ってもらっちゃったからご馳走するよ」

量販店を出た僕たちは、少し早い昼食をとるために定食屋に入った。

食事をしながら、僕は山野井さんにまくしたてた。

「今日はありがとうございました。すごく勉強になりました。むしろこちらがご馳走させていただきたいくらいですよ」

「どうしたの？」

「山野井さんは、さっきのやりとりを僕に見せるために、今日ここへ連れてきてくださったんですよね？」

「わかった？」

「当然です」

今まで山野井さんの行動にムダがないことから考えれば当然だ。

「で、どうだった？」

「はい、二人の店員さんの対応があまりにも違うので面白かったですし、二人の違いと自分の営業を比較しながら見ていました」

「どんなふうに？　教えてよ」

こっそり取っていたメモを広げて、そこに書かれたキーワードを見ながら山野井さんに説明していった。

「僕も嫌なんですけどね、こういう店に入ってすぐに店員さんに寄ってこられると、ゆっくり見られないんですよね」

「ふーん」

「最初の店員さんは、僕たちを見たらすぐに寄ってきましたけど、次の店では山野井さんがキョロキョロしたら来たじゃないですか」

「そうだったっけ？」

「そうですよ。あの店員さんはたぶん山野井さんを注意して見ていたんだと思いますよ」

「そうかもしれないね。で？」

「それから、最初に発した言葉です。最初の店員さんは、『何かお探しですか』って言いましたよね？」

「そうだったね」

「スマホ売り場にいるんだから、スマホを探しているに決まってるじゃないですか。でも次に行った店の店員さんは、『今の携帯に何かご不満なところがありますか』という言い方をしました」

「うん」

「不満な点を聞き出せば、それを解消してあげる商品を提示すれば買ってくれる確率が高まりますよね？　とても効果的なトークだと思いました」

「それから？」

「あと、最初の店員さんは、何だか自分の言いたいことだけをアピールしているような印象でしたね。それに対して、あとの店員さんは、山野井さんの要望を聞き出すような質問をしていました。やっぱり、そのほうが近道ですよね？」

僕は昨日教えてもらったことを思い出しながら言った。

「要するに、話す店員さんと、聞く店員さんでした」

「なるほどね。そんなところかな？」

「もうひとつ、最後に無理に買わせなかった。あれは効きましたね。山野井さんもビデオカメラの相談もしたいって言っちゃったじゃないですか？」

「そうそう。で？」

「お客さまに買わせるのではなく、お客さまを買いたい気持ちにさせることが大事なんだなぁと思いました」

「なるほどね。キミはかなりいいところに気づいていると思うよ」

「ありがとうございます」

山野井さんに認められるのも嬉しいけど、今日は純粋に勉強になった。自分の営業にも確実に生かせることだ。


「じゃあさ、今度は俺から聞いてもいい？」

定食を食べ終わった山野井さんが僕に目を向けてきた。

「お客さまってさ、三井くんから商品を買いたいと思っているかなぁ？」

え？　ちょっと違う視点だ。

「さあ」

「じゃあ、俺から商品を買いたいと思っているかなぁ？」

「山野井さんは、思っていないと考えているんですね？」

「そう。お客さまは、キミや俺から商品を買いたいと思っているわけではない」

「どういうことですか？」

「相手は誰でもいいってこと。お客さまは、自分の目の前に問題が出てきたら、単純にその問題を解決したいだけなんだよ。喉が渇いている人は、喉が渇いているという問題を解決したいから飲み物を買うでしょ」

「ええ」

「でも営業マンによって成績も違うということは、お客さまは買う相手を選んでいるっていうことになるよね？」


話の最中に新しいお茶を持ってきてくれた店員さんに、「ありがとうございます」と二人でハモってしまった。ちょっと嬉しかった。

山野井さんが続ける。

「キミがお客さまだったら、どんな営業マンから商品を買いたいと思うかな？」

「あんまりゴリゴリ押しつけてこない人ですかね」

「なるほどね。ほかには？」

「話し方がやわらかい人でしょうか？」

「なるほどね。それってさぁ、つまり信用できる人ってことじゃない？」

「ああ、そうです、そうです」

「実はさ、問題発見と問題解決の前に、営業マンにはお客さまに信用していただくというステップがあるんだよ。だってさ、俺が最初の店員さんに対して感じたように、問題点がわかっていて、それを解決する商品があるのに、この人から買いたいと思わないってことは、信用できる人と思われていないってことじゃない？」

「信用……ですか」

「そう。お客さまは信用できる人に問題を解決してもらいたいと思っている。

自分には知識がないから、自分の立場に立ってものを考えてくれる、信用できる人を探しているんだ」

「どうやってお客さまはそれを判断しているんでしょうか？」

「商品の知識や話の中身も大切だよ。でもね、もっともっとたくさんの細かい情報を集めてるんだよ。それこそ無意識で本能的にね。

その人の話し方、声のトーン、笑い方、資料のめくり方、不利なことがあったときのちょっとしたリアクション、挙げたらきりがないくらい細かいところまで見ているんだよ」

僕はどうだっただろうか？

不利なときのリアクションという意味では、伊達社長のところで提案することばかりを考えていて、話の仕方も時間の管理も独りよがりだった。あれでは信用できる人とは感じてもらえなかっただろう。

海老沼社長のところで山野井さんが取った行動こそが「信用できる人」だ。

僕は営業の仕事を完全に、商品を売ることだと考えてしまっていた。

山野井さんが言っていることは商品だけでなく、営業マンも商品の一部だということを言っているんだ。

第一三章

お客さまの物語を感じなさい

第三週　木曜日

仕事が一段落して、ふと時計を見ると時刻は午後一〇時を過ぎている。

横のデスクでは、山野井さんも何か事務仕事をしている。

夕方五時過ぎにオフィスに戻ってきて、山野井さんの存在を意識したのはこれが初めてだった。僕は、それほど仕事に没頭していた。

こんなことは、いつ以来だろうか？

自分の変化を自覚することが、こんなに高揚することだとは思わなかった。

自分が一段落したからといって、隣の山野井さんの仕事をさえぎってしまうのは申し訳ないことだと承知で、聞いてみたいことがあった。

「山野井さん、お忙しいですか？」

「うん？」

「お忙しいようでしたら、あとにしますが」

「いや、いいよ。キミの質問を聞くのは俺の仕事だからさ。……なんてね。もう一段落したから大丈夫だし、キミの質問を聞くのも楽しみだよ」

「ありがとうございます。ただ、仕事とはあんまり関係ないことなんですけど、お聞きしてもよろしいですか？」

「いいよ、何？」

「昨日、年に三冊ぐらいしか本を読まないっておっしゃってましたよね？」

昨日の帰りに本の話になり山野井さんがほとんど本を読まないということに驚いた。

「うん」

「それって本当ですか？」

「本当だよ」

ちょっと、意地悪なことを言ってみたくなった。

「とか何とか言って、隠れてけっこう読んでいるんじゃないですか？」

失礼だったか？

「そんなこと隠したってしょうがないじゃん。お客さまに言われてどうしても読まなければならないものや、これだけはどうしても読みたいってものしか手に取らないよ。それがどうかした?」

「いや、山野井さんの商談での会話を聞いていると、話題が豊富なものですから」

「ああ、そういうことか」

「山野井さんがお客さまとする話は、新聞やテレビなんかから仕入れた話とはまったく異質なので、たくさん本を読まれているのかと思ったんです」

「なるほどね。確かに、そういった意味では、俺はすごくたくさんの本を読んでいるかもしれないね」

「ほら、やっぱり」

「勘違いしないでよ。俺が言っている本というのは、物語のことなんだ」

「物語? 小説ですか?」

「いや違うよ。お客さまと会って話すことが、俺にとっての読書なんだ」

「どういうことですか?」

「初めて会った人と話をするときに、いろいろな話をするよね。

今の仕事をどう思っているかとか、今までの苦労話や成功体験、家族をどう思っているかとか、子供をどう思っているかとか、将来の夢はどんなことを考えているのかとか。

こういう話が、俺にとってはそれぞれ一冊の本を読んでいるように感じるんだ」

「それが物語なんですか？」

「そう。その人の思いが物語だと思うんだ。ベストセラー作家や何十万部も売れたビジネス書の著者が書いた本も、出会った経営者やビジネスパーソンが話してくれることも同じ」

「へぇ」

「俺たちは自分ひとりの人生しか生きられないでしょ？

でもね、いろいろな人の物語をライブで聞くことで、相手の気持ちになって人生を経験できるような感じかな」

深い。非常に深い話だ。

「そもそもさ、読書っていうのは、何のためだと思う？」

「どこかの本屋の壁に書いてあった言葉の受け売りになっちゃいますけど、好奇心を満たすためですよね？」

「俺もそう思う」

「知りたい、学びたい、気づきたいと考えるから、本を読むんだと思います」

「じゃあさ、それは誰のため？」

「えーと、まあ自分のためでしょうね。少なくとも僕は、自分のために読んでいます」

「フォー・ミー、だよね」

「ええ」

「学生のとき、友だちの恋愛相談なんか受けたことある？」

「何ですか、唐突に」

「ある？」

「高校生や大学生のときは、仲のいい友だちや後輩たちからそういう相談を受けたことはあります。理由はわかりませんが、僕は相談されやすいタイプだったみたいで、けっこう相談されましたね」

「へぇ。そのとき、キミはどんな気持ちで話を聞いていた？」

「うーん……、たぶんですけど、そいつの役に立てばいいなと思っていたかもしれませんね。最終的には、そいつの恋愛が成就すればいいなとか」

「完全にフォー・ユーだよね？」

「はい……」

「自分のためにどうのこうのっていうことはなかったよね？」

なるほど、物語を聞くことで、相手の役に立つことを探すってことか。

「じゃあさ、キミは友だちの恋愛相談ならフォー・ユーの気持ちで聞けていたのに、営業マンになった途端、お客さまの話をフォー・ミーの気持ちで聞くようになってしまったのはどうしてなんだろうね？」

「どうして……」

「よく考えてみてよ」

「僕たちの仕事には、目標とかノルマがあるからでしょうか？」

「じゃあさ、昨日付き合ってもらった家電量販店で応対してくれた二人の店員さんで考えてみようか」

「はい」

「最初の人はどうだった？」

「最初の人は、明らかにフォー・ミーでしたね。山野井さんは見ていなかったかもしれませんが、買わないとわかった途端、表情が一変しましたよ」

「ああ、そうなの。でも、そうだろうね」

「わかるんですか？」

「フォー・ミーの人は、買わない客は敵と考える。もしくは、時間をムダにしたと考えるだろうからね」

痛いところをつかれた。ちょっと前までの僕は、確かにそう思っていた。

「じゃあ、二番目の人は？」

「スマホを買う気になっていた山野井さんにぴったりの商品がもうすぐ出るからって……。あ、そうか。あの店員さんはフォー・ユーでしたね」

「あの人に、ノルマや目標はなかったのかな？」

「いや、普通ありますよね」

「じゃあ、キミの言うノルマや目標が原因じゃないよね？」

「そうですね……」

「だいたいさ、ノルマや目標を最優先して、キミのことをあとに考えるような人と、ノルマや目標はあるけど、キミのことを最優先で考えてくれる人だったら、キミはどっちの人から物を買いたいと思う？」

「それは、もちろん自分のことを優先してくれる人ですね」

「そうだよね？　でもさ、世の中の多くの営業マンは、キミと同じように自分だったらそういう人から買いたいってわかっているのに、自分が営業の立場になると、まったく逆のことをしちゃうんだよね」

ふと何かを思いついたように、唐突に山野井さんが話題を変えた。

「そういえばさ、明日だったよね？　シミュレーションの変更を依頼されたご夫婦とのアポイント」

「そうなんです」

「キミは、お客さまの言われる通りのプランに変えると、かえってお客さまにとってのメリットが少なくなってしまう、もう一度しっかり説明して、納得してもらうって言っていたけど？」

先々週、僕は薬丸さんというご夫婦の契約手続きをするために、カフェで向かい合った。

でも、いざ契約する段になって、一度は納得したはずのプランを旦那さんが変更して欲しいと申し入れてきたのだ。すっかり契約できると思っていた僕は、その申し入れに対して焦った。見込んでいた数字が減ることになるからだ。

僕は薬丸さんにとってベストのプランを考えて提案した。それに、あれだけ時間をかけて丁寧に説明した。なのになぜ？　と思っていた。

山野井さんには、変更しないと言ったときに「それでいいの？」と問いかけられたけれど、もう一度説明すれば必ずわかってもらえると思っていた。

今思えば、山野井さんは別のヒントも与えてくれていたのだ。

「どうしてその旦那さんは、変えて欲しいとおっしゃたんだろう？」

つまり、もっとよく話を聞けということだ。

物語を知れということだ。

山野井さんからいろいろなことを教わるなかで、今ではその言葉の意味がよくわかる。

「明日は、とにかくお邪魔して薬丸さんの話をしっかり聞いてみたいと思います。代わりのプランは作らずに」

「そうか、やってごらん。お客さまと相対するのではなくて、横に座ってる感覚で真剣に相手の立場になってごらん」

「はい。プランを考えるのは、話を聞いてからでも遅くはありませんよね？」

「もちろん」

山野井さんは、帰り支度を始めた。

「じゃあ、そろそろ俺は帰るね」

「すみません、お引き止めしてしまって」

「いや、ぜんぜん構わない。キミは？」

「もう少しやっていきます。薬丸さんのこれまでの商談の経緯だけは振り返っておこうと思いますので」

「わかった。じゃあ、お先に」

「お疲れさまでした」

山野井さんは背中越しに右手を挙げ、手を振りながら消えて行った。

第三週　金曜日

「三井さん、契約すると言ったのに、直前に変なことを申し上げてすみません」

ご夫婦とお会いするときには必ず利用するカフェでのことだった。

二人が外に見えたので、僕と山野井さんは立ち上がってお迎えした。そのカフェは駅から少し離れたところにあって、決して新しくはないが、どこか落ち着く空間だった。

旦那さんがほんの二、三分遅れたことに、丁寧にお詫びの言葉を投げかけてきた。

「いえ、とんでもないです。お気になさらないでください」

僕は恐縮した。

ご夫婦に山野井さんを紹介し、二人に席をすすめた。

「ところで、シミュレーションの変更ということですが、今日は代わりの案はお持ちしておりません」

旦那さんが身構えたのがわかった。隣に座る奥さんが、旦那さんを心配そうな面持ちで見上げている。

「変更は認められない、ということですか？」

旦那さんは、声も硬くなっている。

「いいえ、その反対です」

「と言いますと？」

「薬丸さんがどうしてそのようなお考えになられたのか。今日はそれだけをお聞きしたいと思って参りました。お話をしっかりお聞きした上で、改めて薬丸さんにマッチするプランをご提案させていただければと思ったんです」

旦那さんの肩から力が抜けるのがわかった。奥さんの表情も緩んだようだ。何だかいつもより、お客さまの反応がいちいちよくわかる。

「ありがとうございます。何からお話ししましょうか……」

そう言って旦那さんがコーヒーを一口飲んだ。

「そうですね、まず変更というのは、何をどのように変えたいとお考えになったのでしょうか？　そこから始めましょう」

「わかりました。それは……」

僕が提案していたのは、二種類の保険の組み合わせだった。ひとつは終身保険。万が一のときには、一時金で大きな金額の保険金が入ってくる。さらに、この終身保険は貯蓄型で解約したときにある程度お金が戻ってくる。将来、老後などのお金が必要となったとき、解約すればまとまったお金を手にできる。

もうひとつは、収入保障型の保険。旦那さんに万一のことがあったとき、奥さんに毎月決まった額のお金が生活費として支給されるタイプだ。この保険は、解約してもほとんどお金が戻ってこない。いわゆる掛け捨ての保険だ。

旦那さんの要望は、貯蓄型の終身保険の割合を下げて、掛け捨ての収入保障型保険の割合を上げて欲しいというものだった。つまり、保険料全体の金額を変えないで、掛け捨ての部分を増やして欲しいと言っているのだ。

「三井さんがお電話でおっしゃっていたように、この変更が私たちにとって必ずしもベストではないのかもしれません。しかし……」

旦那さんはそこで話を止めた。

「それをおわかりの上で、変更されたいとおっしゃるんですね」

「すみません」

「いえ、謝ることじゃありませんよ。なぜそう思われたのですか？　ぜひ聞かせてください」

「生命保険ですから、私が死んだときのことを考えてみたんです」

「はい」

「私がいなくなったときに、残された妻の手元には終身保険で一時金が入ります。その金額を、ご提案いただいた一〇〇〇万円から八〇〇万円に減らしても、それほど変わらないと思ったんです」

「なるほど、おっしゃる通りです」

僕は旦那さんの目をしっかり見て、先に進んでもらうよううながした。

「でも、この掛け捨ての保険で毎月支給される生活費が、二〇万円と二七万円ではかなり違うと思うんです」

同じ負担総額の中で貯蓄型を少し減らすだけで、掛け捨ての保障はかなり大きくなる。

「なるほど。具体的に、どのような違いがあると思われたのでしょう？」

「月々二〇万円だと結局は妻は生活のために働かないといけなくなります。妻はいずれにせよ働くと思うのですが、二七万円あれば生活のために働くのではなくて、自分自身のために働くことができるように思うんです」

「……」

言葉が出なかった。確かに、旦那さんの言う通りだ。旦那さんの奥さんを思う気持ちが僕にも伝わってくる。

「では、終身保険を減らし、収入保障型保険を増やすプランに変更しましょう」

「よろしくお願いします」

旦那さんの顔も、奥さんの顔も晴れやかだった。僕もお客さまの話をしっかり聞くことができた。そう感じていた。

では、と言って帰ろうとしたそのとき、めずらしく山野井さんが口を開いた。

「三井から聞いたのですが、お会いいただくときは必ずこのカフェをご指定なさるそうですね」

ご夫婦二人とも、少し恥ずかしそうに笑った。

「何か理由がおありですか?」

「実は、ここは僕がプロポーズの返事を受けた場所なんです」

「へぇ、そうだったんですか?」

山野井さんが驚いたように言った。

「もともとは、デートの帰りにたまたま寄っただけなんですが、何となく居心地が良くて何度か利用するようになっていたんです」

奥さんの顔が、少し赤らんでいる。

思わず僕も話に加わった。

「お二人はいつお知り合いになられたのですか?」

旦那さんはちょっと戸惑ったようだが、すぐににこやかに答えた。

「社内結婚なんです」

「そうなんですか」

聞きようによってはプライベートに踏み込んだ話だ。以前の僕だったら、「立ち入った質問ですが……」などと口走ってしまったかもしれない。でも今は違う。心から聞いてみたい、知りたいと思ったのだ。

僕の気持ちが届いたのだろうか、お二人は機嫌を悪くするどころか、少し照れたようなそれでいて嬉しそうな表情だった。

「奥さまはプロポーズされて、どのように思われたんですか？」

奥さんが下を向いた。旦那さんに肘でつつかれ、これまでの商談ではほとんど口を開かなかった奥さんが顔を上げて答えた。

「実は、いったん断ったんです」

「そうなんですか！　それはまたどうして？」

「彼との結婚に自信が持てなかったからです。当時の私は、いえ今もそうですけど、おっとりしていたので何もできなかったんです。誰と、という問題ではなく、結婚そのものに自信が持てなかったんだと思います」

「ご主人は、それを聞いてどうされたんですか？」

「諦めきれなかったですね。何度も何度もアタックして、ようやくオーケーの返事をもらったのが、このお店だったんです」

「へぇ」

「ですから、夫婦にとって何か大事なことを決めるときは、必ず二人でここに来ることにしているんです」


大事なこと……。


「初心に帰ることもできて、間違った選択をしないと思っているんです」

「そうだったんですか。素晴らしいお話ですね」

そのとき、それまでにこやかだった旦那さんの表情が急に引き締まった。居住まいを正し、意を決したように切り出した。

「私は、プロポーズのときに妻を一生幸せにすると言いました。でも、万が一私が若くして死んでしまったとしたら、それは妻に対する裏切りだと思うんです」

旦那さんの言葉を聞いているうち、胸が熱くなってきた。

「もちろん、そんなことはあってはならないと思います。でも、これぱっかりは私の力ではどうにもなりません。そのときに、せめて経済的な負担だけは妻にかけたくはないんです。そう考えると、先ほどお願いしたプランに変更すべきだと思ったんです」

ショックだった。

旦那さんがそこまで深く考えた上で変更を申し込まれたとは。それに、山野井さんが話を切り出さなかったら、旦那さんの深い考えは知り得なかった。

奥さんは、下を向いて鼻をすすっている。

「ご主人は、ご自分に万が一のことがあった場合、奥さまに辛い思いをさせたくないという思いから、内容の変更を希望されたんですね」

奥さんの嗚咽が漏れてくる。

見ると、旦那さんも微笑みながら目に涙を溜めている。横に座る山野井さんも鼻をすすっている。

そういう僕も、気づくともらい泣きしているではないか。

商談で涙を流したのは、たぶんこれが初めてのことだ。

これが山野井さんの言う物語なんだ。

ご夫婦を見送り、僕たちは駅までの道を歩いた。

「ありがとうございました」

これは同行してもらったお礼じゃない。ご夫婦の物語を引き出し、僕に物語の大切さを教えてくれたことへの心からの感謝だった。

「悪かったね、口挟んじゃって」

「とんでもないです。物語の大切さ、まだまだ完全とは言えませんけど、何となくわかった気がします」

「いや、どうしても知りたくなっちゃってね。あのご夫婦の物語を」

ちょっと照れ臭そうに山野井さんが言う。

「旦那さんの熱い思いが伝わってきましたね」

「キミも泣いてたじゃん」

いたずらっぽい目で言う山野井さんに、僕も同じ目をして返した。

「山野井さんだって」

「うん、俺、ああいう話に弱くてね」

「僕、商談で泣いたのって初めてです」

「そうなんだ！　俺なんか結構泣いてるよ」

「へぇ。それだけ物語に踏み込んでいるってことなんですね」


山野井さんが、少し真顔になった。


「昨日も言ったけど、どんな人もその人なりの物語を持っている。その物語の中に少しだけでもいいから自分たちが入らせてもらって、物語をさらに素敵にしていけたら最高だよね」

「その人だけが持っている物語ですね」

「あのご夫婦の場合だったらどうなると思う？」

「プランを変えることによって、暖かい気持ちになれると思います。それに安心して暮らしていけますね。縁起でもないですけどもしも万が一のことがあったときには、奥さんやこれから生まれるかもしれない子どもさんの人生が諦めなくていい人生になる気がします」

「諦めなくていい？」

「そうですね、お子さんが進学を諦めなくてよくなるとか、好きなスポーツを諦めなくてよくなるとか。奥さんも胸を張って天国の旦那さんに自分たちの姿を見せられるような気がします」

「そうそう、そんなストーリーが大事なんじゃないかな。どんな営業でもそれは共通だと思うよ」


今まで僕はどれだけお客さまの物語を知っていただろう。

きっと今までの僕は自分の物語を作ることに精いっぱいで、相手の物語を気にしてもいなかったのかもしれない。

でも仕事の面白さは、本当はこういうところにあるのかもしれないと思った。

第一四章

お客さまを愛しているか

第四週　月曜日

山野井さんと過ごす最後の週になった。

山野井さんに気づかされたこと、教わったことを実行すればするほど、お客さまに会いに行くのが楽しくなってくる。

だんだん、仕事そのものも楽しくなってきた。

山野井さんの言葉を噛みしめ、それを実践していくことで、相手が変わるのではなく自分が変わっていくことが実感できる。

自分が変われば、相手も自分の変化を感じ取ってくれる。僕への見方が変わり、打ち解けていろいろな話をしてくれるようになったと感じる。

感覚的な話だけど、今まではお客さまと向き合って話をしてきたと思う。

でも、今はお客さまの横に並んで寄り添いながら、同じ方向を見ている感じだ。そういえば伊達社長のところで山野井さんが「私たちは社長と戦うつもりではなくて、協力していくつもりです」と言っていたのは言葉遊びではなくて、自分の営業姿勢を本当に伝えていたんだ。

それが、すべて結果に結びついているわけではない。

もちろん、以前に比べれば成績は上がったけれども、劇的な変化が起こったわけではない。しかし、それよりも、毎日が楽しかったし、その日その日を懸命に生きている感じは、悪いものではない。

やっぱり、本気で仕事に取り組むようになったからだろう。

最近では、家に帰っても仕事のことばかりを考えるようになった。仕事のことを考えなければならないという義務感ではない。自然と考えてしまっていると言ったほうが正しい。

山野井さんと一緒に過ごすのもあと一週間だと思い、僕は山野井さんに宣言した。

「今日一日は、何も言わずに僕を見ていてください」

これまで教わったことを意識し、真似し、営業に臨んだ。

一カ月前の僕の商談とは明らかに違う。自分でもその変化がよくわかった。一日の商談がすべて終わり、オフィスに戻ったあと山野井さんにたずねた。

「今日一日の僕、どうでしたか？」

褒《ほ》め言葉を期待して、僕の気持ちは弾んでいた。でも、山野井さんの表情は、僕が期待しているものとはちょっと違った。

「そうだね、初めのころとはずいぶん変わったね。ただ……」

山野井さんの顔が真剣な顔になった。

「ただ、何ですか？」

「ひとついいかな」

え？　何か失敗したかな？

「最後にお邪魔したお客さまのところでやった商品説明、俺の前でもう一回やってごらん」

僕たちはフロアの隅にある打ち合わせスペースに移動し、向かい合う形に座った。僕はパンフレットとシミュレーションを山野井さんに見せながら説明を始めた。

「合計はこちらの金額になっております」

ぼくはそう言うと、書かれている金額を丸で囲った。

「もう一回」

山野井さんが話をさえぎった。

「合計はこちらの金額になっております」

僕はもう一度、数字を丸で囲った。

「これ何?」

厳しい口調だった。

「保険料を強調するために、丸で囲ったんですけど」

「これが丸?」

「はい」

「こっちは?」

山野井さんは、僕が二度目に囲った丸をさした。

「これも丸です」

「雑だよ！　両方とも、丸が数字に重なってるし、丸がつながってないよね」

確かにそうだ。僕は何の気なしにサッと丸を書いた。

「丸ってこう書くんじゃないの？」

そう言って、山野井さんは僕の手からペンを取り、別の数字を丸で囲った。驚くほど丁寧な丸だった。


「キミがメモを取っているノートを見せてもらっていい？」

山野井さんが突然言い出した。

殴り書きのようなメモで申し訳ないことを伝えながらノートを渡した。

僕のノートには山野井さんから教えてもらったことが、箇条書きでメモってある。


「ここに書いてどうしようと思ってるの？」

ほんの一瞬だけ目を通して山野井さんが言った。

「今後このノートを見返しながら、山野井さんから教えてもらったことを真似しようと思っています」

☆ 山野井さんをしっかり観察する

- お辞儀は深く長く丁寧に！

- 名刺交換は近くでする。
  ↳ 相手の名刺の下に出す

- 来客用の駐車スペースには車を停めない！
  ※自分はお客さまではない→遠くに停める

- 相手の言葉や空間をよく観察する。
  ※相手に興味を持つ

- 営業は話すことより聞くことが大切。
  2：8 ↓
  心で聞く!! 聴く!!

- お客さまを好きになる

- お客さまは信用できる人に
  問題を解決してもらいたい
  ※「信用できる人」を探している

- お客さまの物語を聞く。感じる。

「そっか。ちょっと書き加えていい？」

山野井さんはそう言うと少し太い赤ペンを取り出した。

「どうぞ、お願いします」

いったい何を書き加えるのだろうか？

山野井さんは僕の箇条書きの後に「感」という字を丸で囲みながら書き加えていった。

どういう意味だ？

ひと通り書き終えると、僕のほうにノートを向けて話し出した。

「いいか？　これから話すことは俺がキミに一番伝えたいことで、仕事をしていく上で一番大切なことでもあるから、よく聞いてくれ」

山野井さんが大切なことを伝えようとしていることは、続く言葉からもわかった。

「このことは心で聞いてください」

そう言うとノートを指さしながら話し始めた。

「今俺が㊇と書いたことはお客さまに感謝している気持ちの表れ」

☆ 山野井さんをしっかり観察する

- お辞儀は深く長く丁寧に！ 感
- 名刺交換は近くでする。
  ↳ 相手の名刺の下に出す 感
- 来客用の駐車スペースには車を停めない！ 感
  ※自分はお客さまではない→遠くに停める
- 相手の言葉や空間をよく観察する 愛
  ※相手に興味を持つ
- 営業は話すことより聞くことが大切。
  2：8 ↓ 愛
  心で聞く!! 聴く!!
- お客さまを好きになる 愛
- お客さまは信用できる人に
  問題を解決してもらいたい
  ※「信用できる人」を探している
- お客さまの物語を聞く。感じる 愛

「『お辞儀は深く長く』も『名刺は近くで交換』も『車を停めるときは遠くに』も、ぜ～んぶお客さまに〝感謝〟する気持ちの表れなんだよ」

「言ってる意味がわかるか？」と確認しながら、山野井さんはもう一度赤ペンを手にした。

今度は「愛」という字を同じように丸で囲みながら書き加えていった。

「そして『相手に興味を持つこと』も『話すことより聞くことが大事』なのも『お客さまを好きになる』のも『お客さまの物語を聞くこと』も、ぜ～んぶお客さまに対しての〝愛情〟の表れなんだよ。

ひとつひとつの行動を真似たところで売れる営業マンになれるかというとそれは違うんだよ」

「大事なのはやっぱりここなんだよ」

と山野井さんは僕の左胸に握りこぶしを当てながら言った。

そしてもう一度ノートを自分のほうに向けると、今度は隣のページに大きく言葉を書いた。

感謝と愛情

「いいか？　ひとつひとつの行動が大切なんじゃない。お客さまに対して『感謝の気持ち』と『愛情』を持って接することができているかどうかなんだよ。

ほとんどの人が、いつの間にか当たり前になってしまってるんだよ。お客さまの駐車場に車を置かせてもらうことも、お客さまにお茶を入れてもらうことも、お客さまの大切な時間をこちらのために取ってもらっていることも、いつの間にか当たり前になってしまっている」

「でもそれは当たり前のことではない。本来、有ることが難しいこと。つまり有り難いことなんだよ。有り難いことなのに、みんな感謝することを忘れてしまっている」

「キミの前に座って時間を取ってくださっている人は、売り上げ目標を達成するためのネタじゃあない。

誰だって一日は二四時間、一年は三六五日。時間は限られていて出会える人の数だって無限ではないよね。出会ったこと自体が奇跡なんだよ。自分の前に座って話を聞いてくれている、それだけでもありがたい、感謝すべきことなんだよ」

「キミは出会った人に感謝しているか？」

僕は静かに、言葉の意味を噛みしめながら、ただただ聞いていた。

それともうひとつ、と言って山野井さんは続けた。

「誰だって好きな人がいればその人のことを知りたいって思うだろ？　自分のことを話すばっかりじゃなくて、相手の思いや経験を聞いてその人のことをもっともっと知ろうとするだろ？　ただ自分の言葉や行動をアピールしているだけじゃ、相手だってそんな人のことを好きになんかならないよ。お客さまだって同じだよ」

「キミは、お客さまを愛しているか？」

お客さまを愛しているか？　そんなふうに考えたこともなかった。

結果的に好きなお客さまはいたりするが、それはたいてい、僕から商品を買ってくれた人だ。

「テクニックとしてのヒアリングが大事なんじゃない。そんな気持ちで好きな人に接しないだろ？」

「相手を思う気持ち、愛情を持って相手を知ろうとすること、相手に喜んでもらいたいと思う気持ち、そして相手の役に立とうとすること。それが営業なんだよ。

キミがメモを取ったひとつひとつのことは、その気持ちから出る表現でしかないんだよ」

僕は目をつぶりながら、大きくうなずいた。

「このノートに『丸はしっかり書く』なんて書いたってダメなんだよ。相手に感謝していれば、自然と丁寧な丸を書けているはずだよ」

「大事なことはキミの心」

心の中で、もう一度うなずく。

「今の三井くんなら、わかるはずだよ」

山野井さんの声がいつものように優しい。

僕は目を開けるとノートを見た。

山野井さんの書いた文字がノートから浮かんで見えた。

「感謝と愛情」

今まで僕は大切なことが見えていなかったことに気づいた。

それは人と人とが接点を持つ上で当たり前のようでいて、実は一番大切なことじゃないか。

山野井さんが伝えようとしていたことは、ひとつひとつの行動じゃない。

僕の心の持ち方だったんだ。

お客さまを思う、相手を思う気持ちだったんだ。

この一ヵ月、山野井さんに教えてもらったことだけじゃない。今までの自分の出してきた結果や仕事に対する姿勢も、すべてそこに、つながっているんだ。

僕はいつの間にか一番大切なことを見失ったまま、長い時間を過ごしてきたんだ。

僕の心の中は、驚くくらい穏やかだった。

山野井さんが伝えようとしてくれていたことが、やっとわかった瞬間だった。

第一五章

殻を破るとき

第四週　木曜日

山野井さんとの最後の日を翌日に控えた木曜日の夜、その日僕は以前訪問したお客さまから難しい問い合わせを受けていた。初めて経験するケースで、解決の糸口さえまったく見えない。山野井さんに相談しようにも、今日はお客さまと食事に行くからということで帰ってこない。

まずは自分で考えようと思ったが、まったく思い浮かばない。時間もなかった。

そうだ、吉満さんか若杉さんに聞いてみよう。あの二人なら、そういうケースも経験しているかもしれない。

以前の僕とは違う。

あれから、吉満さんや若杉さんには何度か教えを請うた。もちろん自分で考えることは最低限必要だが、僕にとって人に聞くことは何ら恥ずかしいことではなくなっていた。

運良く、オフィスには吉満さんがいた。

「あるお客さまからこういうお問い合わせを受けたんですが、どう対処していいかわからないんです」

しばらく目を閉じて考えていた吉満さんは、目を開くと言った。

「それさ、同じようなケースを清宮がやっていたよ。知識としてだったら俺も教えられるけど、アイツに聞いたほうがいいんじゃないか？」

清宮。

他の先輩にはちゅうちょなくアドバイスを求められるようになっていたが、清宮だけは事情が異なる。僕にとっては好感を持てる人物じゃない。

でも、最近は以前とは異なり、清宮の動きを目で追うようになった。きっかけは、清宮が吉満さんと若杉さんにロープレをやってもらっているのを知ってからだ。

アイツだって必死なんだ。

そう思った瞬間から、清宮に対する壁が一枚はがれていた。でも、打ち解けられるほど僕は強くなかった。

しかし、そんなことを言っていたら、僕自身が成長できない。僕は意を決して、清宮の席に向かった。

「ちょっといいか？」

清宮は僕を見て、目をむいている。

何だおまえ、何しに来た？　とでも言いたそうだ。

周囲にいる同僚たちも、何事かと思って見ているだろう。自分でも、周囲一帯の温度が一気に下がるのがわかった。

「吉満さんに聞いたんだけど、清宮、こういうケースのお客さまがいたらしいな」

僕はおおまかな概要をかいつまんで話した。清宮は僕の渡した資料を食い入るように見つめ、話を聞いている。

「ああ、五月ごろだったかなあ。確かにあったぜ」

「そのとき、お客さまはどういう理由でこんなことを依頼してきたんだ？」

「おまえは、直接聞いたのか？」

「もちろん、これから聞く。でも、あらかじめどういうケースがあるのか知っておきたいんだ」

「そうか。でもな、先入観を持たずに自分で話を聞いたほうがいいと思う。実は俺もそのとき先輩に相談したんだけど、やっぱり同じことを言われた」

「……」

「勘違いするなよ。別におまえには教えないって言っているんじゃない」

「わかってる」

「お客さまに真摯《しんし》な気持ちで向き合って、お客さまの考えていることにおまえ自身が誠心誠意、耳を傾けたほうが、最良の解決策を提示できると思うんだ」

「そうだな」

「俺も先輩にそう言われたし、今では俺もその考えに賛成している」

その通りだった。やっぱり、僕はコイツよりかなり後ろを歩いている。

「忙しいのに悪かったな」

そう言って清宮に背を向けた。すると、背中に清宮の声が刺さった。

「三井」

僕は振り返った。また何か嫌味を言うつもりだろうか。

「何だ」

身構えて僕は応えた。

「おまえ、変わったな」

「え？」

「だってさ、俺に聞きに来たんだぜ」

「吉満さんに言われたからだ」

「今までだったら、言われても来なかっただろ？」

「まあ、そうだけど……」

「山野井さんと動くようになって二週目くらいからだったかな。今までのおまえとはまったく別人になったと思った。山野井さんにどんなマジックをかけられたんだ？」

僕は、ほおがゆるみそうになったけど、止めた。

「さあ。でも、おまえはもうとっくにわかっていることだと思うぜ」

「何だ、それ？」

僕は清宮の問いには答えず、さらに続けた。

「それからもうひとつ。おまえを見て刺激を受けた」

「俺？　何のことだ？」

「いや、いいんだ。とにかく、俺は本気でおまえを超えるつもりだ。覚悟しとけ」

「楽しみにしてるよ」

清宮の言葉とともに、僕は席に戻ろうとした。


「三井」

「何だ？　まだ何かあるのか？」

振り返ると、清宮は立ち上がっていて、驚くほど穏やかな顔をしていた。

「清宮おまえ、何て顔してんだよ」

「変な顔してるか？」

「初めて見る顔だ」

何だか嬉しそうに見える。たぶん、目の錯覚に違いない。

「わからないことがあったら、いつでも相談してくれ。今日はあまり参考にならなかったかもしれないが、俺の経験や考えはすべて伝えるつもりだ」

「……」

「それに……」

「それに、何だ？」

「これからは俺も、おまえに相談するから」


負けた。

鼻の奥がツンとなった。

現時点で、明らかに負けているのは僕だと悟った。

実績のことではない。今まで距離を置いてきた僕に対して、清宮の言い放った言葉はどうだ。清宮に聞きに行ったことが僕なりの進歩だとしても、清宮のような言葉は僕にはとうてい出てこない。

これが現時点での僕と清宮の差だ。

でも、これを自覚できたことが、僕にとっての新たな原動力となる。

「わかった。いつでも来いよ」

僕はちょっと感動している顔を清宮に見せるのが嫌で、素早く背を向けた。

第四週　金曜日

いよいよ最後の日となった。

山野井さんとの最後の営業先は、初日に行った伊達社長のところだった。一度決めたアポイントが延び、結局この日になっていた。

僕は、ある決意を持ってこの商談に臨んでいた。その内容については、山野井さんにも話していない。

伊達社長の会社の門をくぐると、僕はすれ違った従業員の人に「こんにちは」と挨拶をした。「こんにちは」と気持ちよく返してくれる。

その従業員の人が落ちていた小さなごみを拾った。そういえばこの前も工場の入り口のところで従業員の人がごみを拾って捨てていたな。そう思うと、とても気持ちのいい会社だなぁと思った。

三週間ぶりに会う伊達社長は、前回と同じ淡いグレーのスラックスをはき、ワイシャツの上に紺色の作業服を着ていた。トレードマークの金縁の眼鏡を首からさげ、この前と同じように上品なたたずまいだった。

僕は、前回の失礼を詫びたあと、思い切って切り出した。

「伊達社長、お願いがあります！」

そう言って、僕は頭を下げた。

顔を上げると、伊達社長は少し警戒の色をにじませている。横にいる山野井さんからも、何を言い出すのかと思っている様子が伝わってくる。

「私は、縁あってお目にかかれた伊達社長のことをもっと知りたいと思いました」

社長は、驚いた顔をしている。

「そのために、社長が一番大切に思われているものを見せていただきたいんです」

「何ですか？」

伊達社長が不思議そうに言った。

「ぶしつけなお願いでたいへん申し訳ありませんが、これからぜひ工場を見学させていただけませんでしょうか？」

一瞬の間があったが、社長の顔が驚きから微笑みに変わった。

「わかりました。いいですよ」

「ありがとうございます」

「じゃあ、ヘルメットを用意させますね。安全第一ですから」

そう言った伊達社長は、どこかに電話をかけた。工場、ヘルメット、二人という単語が聞こえる。電話を切ると、こちらを振り向いて快活な声で言った。

「さあ、行きましょう」


工場を歩きながら、社長が従業員と交わす会話に引き込まれた。

「どうだ、風邪はもう完全に良くなったか?」

「阪神負けちゃったなぁ。でもちゃんと仕事はしてくれよぉ」

「もうすぐ奥さんの誕生日だな。ちゃんと準備してるのか?」

表情豊かに従業員に声をかけている社長を見ていると、社長は従業員を大切に思い、従業員は社長を信頼しているということを感じることができた。

決して最新の設備ではないけれど、建物にしろ設備にしろ、丁寧に手入れされていることは、素人の僕でもわかった。

「四〇年も経ってしまったから、そろそろ建て直さなければいけないんですけどね」

社長はそう言ったが、僕は四〇年の歴史を心地良く感じていた。


見学を終え、事務所に戻る道すがら、僕は伊達社長と並んで歩いた。

「実は、亡くなった私の父が工場長をやっていたんです。一度も中に入ったことはありませんでしたが」

言ってからハッとした。お客さまに自分の親のことを話したのは初めてだった。

「そうでしたか。ごらんになっていかがでしたか?」

「歴史の重みとみなさんの思いを感じました。社長、先代、これまで働かれたすべての従業員の方々の喜びや苦しみが詰まった場所なんだなぁと」

そうですか、と伊達社長は笑った。そしてこう続けた。

「三井さん、あなたは変わりましたね。本当にこの前と同じ人ですか?」

「はい。自分を見つめ直す機会をいただきました」

嬉しかった。ようやく、伊達社長との第一歩を踏み出せた気がする。

「そうですか。それは良かった」

「社長、今日工場を見させていただいて、もっと知りたくなりました。またお会いいただきたいので、お時間を作っていただけますか？」

「もちろん、いいですよ」

そう言った伊達社長が、少しリラックスしたように見えた。

「僕も多くの営業マンの方にお会いしてきました。その経験から言わせてもらうと、三井さん、あなたはいい営業マンになると思いますよ。これからも頑張ってくださいね」

「ありがとうございます」

僕は、深く頭を下げた。角度は九〇度。時間にして五秒。

「最初は、何を言い出すのかハラハラしたよ」

会社を出ると、山野井さんが話し始めた。

「どうしてあんなこと言ったの？」

「物語です。僕は伊達社長の物語が知りたかったんです。これからお客さまになるかもしれない方が一番愛してきた場所に触れてみたいと思ったんです。それに……」

「それに？」

「あれから考えたんです。僕はこれまで、お客さまからお金をいただくところしか見ていなかったと。そのお金がどうして生まれてくるのか、そこにどんな物語があるのか。それを知るためには、やっぱり工場を見せてもらいたいと思ったんです」

「ふーん。で、どうだった？」

「伊達社長が、好きになりました。さっきも言いましたが、もっともっと好きになるために、僕ももっともっと本気で取り組もうと思いました」

「そっかぁ……」

山野井さんは、それ以上何も言わなかった。

僕たちは黙って駅までの道を歩いた。心地良い沈黙だった。

第一六章

一生懸命やることが楽しい

最後の晩。

山野井さんは、僕に置き土産を残すようにある言葉を残してくれた。それは、仕事とはまったく関係のないこんな話から始まった。


「日本の子どもたちとアメリカの子どもたちが野球をしたら、ほとんどの場合、日本が勝つんだってさ。どうしてかわかる？」

何だ？　禅問答みたいだなあ。

「うーん、基礎ができているからでしょうかね？」

「基礎かぁ……。なるほど、そういう見方もあるかもねぇ」

違うのか？

「俺も聞いた話なんだけど、ピッチャーはひたすら思い切り速い直球を投げ、バッターは三振しようが何しようが思い切りバットを振るのがアメリカの子どもたちの野球なんだって」

「へぇ」

「それに対して、日本の子どもたちの野球は、ピッチャーは変化球を混ぜながら丁寧にコースを狙って相手の打ちにくい球を投げ、バッターはバントはするし、よくボールを見てフォアボールを選んで塁に出る。だから失点はしにくいし、得点は入りやすい」

「そうなんですか」

「ところでさ、野球をやることを英語で何て言う？」

英語は自信がないけど、そのくらいは。

「プレー・ベースボールですよね？」

「そうそう。じゃあさ、プレーってどんな意味？」

「遊ぶ、だったかなぁ？」

「そうそう。プレーには、もともと楽しむっていう意味があるんだよな。だからアメリカの子どもたちは、ピッチャーもバッターも思い切りやるんじゃないかな」

「日本の子どもは違うと？」

「うん。プレー・ベースボールじゃなくて、ドゥ・ベースボール、プレー・ウィン。勝つことを楽しんでるってこと」

「なるほど、そういうことですか」

「誰だってさ、野球を始めたときは、野球をすること自体が楽しかったはずじゃない？

勝とうが負けようが、次の日にはまた野球がやりたくなるものでしょ？」

「ええ」


山野井さんがイスに座り直しながら続けた。

「キミはサッカーをやっていたよね？」

「はい」

「サッカーを始めたころ、負けたからもうやりたくないって思った？」

「いいえ、まったく」

「キミ、釣りはやる？」

「今はやってないですけど、子どものころはやってましたね」

「じゃあさ、周りの人より釣れなかったからといって、二度と釣りには行かないって思った？」

「思いませんでした」

「そうでしょ？　どうして？」

「サッカーも釣りも、やっていて楽しかったから……」

「しかも、一生懸命だったでしょ？　サッカーは一生懸命ボールを追っていたし、釣りだって時間を忘れて夢中でやってたでしょ？」

「そうでしたね」

「人間の遺伝子の中には、一生懸命やることが楽しいっていう遺伝子が入っていると言った人がいてね」

「はあ」

「思い切り、一生懸命やることが楽しい。でも、その一生懸命やる楽しさって、大人になればなるほど忘れているんだって」

「そうかもしれませんね」

「学生時代にサッカーをやっていて、たとえ試合に負けても、試合に出れなくても楽しくなかった？」

「楽しかったです」

あのころの充実感は、社会人になってからは感じたことがなかった。

「社会に出たら、より結果を出すことを求められるようになるから、一生懸命やること自体の楽しさなんて見失っていってしまうんだよね」

「そうかもしれません」

「でもさ、結果を出す、実績を上げる、人に勝つといった楽しさは、そのときだけの一瞬のものじゃないかな？」

「はい」

「しかも、相手のあることだから、自分ではなかなかコントロールができないものがほとんどだ」

「なるほど」

「それに比べて一生懸命やることは、それ自体が楽しい。だから、一生懸命やることから生まれる楽しさは、いつでもどこでも、自分で作り出せるんだよ」

「今は、なんとなくわかります」

「子どものころから受験や就職、会社に入っても数字を競い合って他人より秀でることが最大の価値だと刻み込まれてきた日本人は、楽しめって言われても、どうしていいかわからない」

これまでの僕が、まさにそんな人間だった。

「勉強だって、本気で一生懸命やればけっこう楽しいものだと思わない？　勉強をして成績を上げなければいけない、テストで良い点数を取らなければいけない、志望校に合格しなければならないと思うから楽しくないんだ」

「確かにそうですね」

「結果を出すことは必要ないって言ってるんじゃないよ。それはそれで必要なこと。結果に支配されすぎてはいけないってことだよ。

キミだってさ、だんだん仕事が楽しくなってきたでしょ？」

「そうなんです」

「何でだと思う？」

「山野井さんからいろいろなことを学んで、仕事の面白さがわかってきたからだと思っていますけど」

「ほかには？」

「まだまだですけど、以前に比べて実績も上がってきましたし」

「俺は違うと思うんだよね。

俺から何かを教わったからじゃない。実績が出たからでもない。キミが本気になって一生懸命仕事に取り組んでいるからだと思うんだ。

実績を上げることやトップを取るという目標は、一生懸命を引き出すための道具でしかないんだよ」

「……」

「キミは、本来そういう気持ちを持っていたんだよ。どうしてかわからないけど、それを忘れてしまっていた。今、自分自身が変わったことで、一生懸命やることを楽しむということを思い出したからなんじゃない？」

「勘違いしないで欲しいんだけど、これまで一生懸命になれなかったキミがダメだったわけじゃないよ」

「は？」

「人にはそれぞれタイミングってものがある。一生懸命になれなかったキミが、今、そのことに気づいた」

確かに僕は結果がまだ何も出ていない。でも今までの自分とは違うのも確かだと思える。

「誰もがタイミングを探しているのかもしれない。大切なことはそのチャンスが来たときに、自分に言い訳をしない勇気を持つことなんだよ。キミは一生懸命を忘れてしまっていたからこそ、その大切さに気づいたんだ」

「はい」

「ムダなことなんて、何ひとつないからね」

「はい」

「三井総一郎、キミの人生は一度しかない。これからは、結果を出すことにこだわるだけでなく、一生懸命になることにこだわっていこうよ。キミが本気で一生懸命になる価値に気づくことができれば、結局、そのほうが結果もついてくるんだよ」

山野井さんは、最後の話を終えると帰り支度を始めた。

「じゃあ、また。どこかでな」

僕に向かってそう言うと、オフィスの出入り口まで歩いて行った。そこで振り返った山野井さんの声が、フロア中に響き渡った。

「一カ月間、お世話になりました！　ありがとうございました」

長い長いお辞儀だった。

「ありがとうございました！」

僕も、山野井さんに向かって深く頭を下げた。

フロア中から拍手が鳴っている。僕は拍手の音を聞きながら、このままずっと頭を下げていたいと思った。

何秒経っただろうか。

顔を上げると、出入り口に山野井さんの姿はなかった。エレベーターホールまでは見送らなくていい。僕は何となくそう思った。山野井さんも、同じ気持ちだったはずだ。

僕にはわかる。

半年後

僕は年間成績の表彰式会場にいた。表彰式には年間表彰でトップテンに入った者だけ会場に家族を招待することができる。僕は会場に母さんを連れてきていた。

そう僕はトップテン入りを果たしたのだ。

会場には山野井さんの顔も見える。半年ぶりの再会だった。あのときと同じように、穏やかな笑みを浮かべている。

会場では、表彰が始まっている。やがて、司会者の声が響いた。

「第九位、三井総一郎くん！」

僕はステージに続く赤い絨毯の上を、胸を張ってゆっくりと歩いた。

初めての表彰台だ。でも、ぜんぜん満足していない。むしろ悔しかった。それなのに落ち込んではいない。かえって清々しい思いだった。絨毯の脇にいた同期や先輩たちが、次々と握手を求めてきた。壇上に上がり、社長から賞状とトロフィーを贈られた。

「きみは初めての入賞だね？」

「はい」

「これからも頑張ってください」

「ありがとうございます」


壇上から下りて、支社のメンバーのもとに駆け寄るともみくちゃにされた。そして席に戻ると母さんが嬉しそうに笑って迎えてくれた。

「総ちゃんのこんな姿を見ることができて、私幸せだわ」

と涙をハンカチでおさえながら祝福してくれた。

「いつかトップになって壇上に一緒に上げるからね」

僕が力強く言うと、母さんは、

「総ちゃんが素敵な仲間に囲まれて笑っていてくれれば、それだけで十分よ」

いつものように温かい目で答えてくれた。きっと母さんの本心だろう。

表彰式が続いている。

僕たちの支社は、異常な盛り上がりを見せていた。それには理由があった。

毎年トップを争っていた吉満さんと若杉さんが、今年は三位と五位だった。一カ月間僕たちの支社に通ってくれた山野井さんも、僕のために一カ月をつぶしながら、六位に入っていた。さすがだ。

これだけ支社に関連のある人がランク入りするのもすごいが、支社にはもっと驚くべきニュースがあった。

会場が暗転する。

勇壮な音楽が鳴り響き、司会者が大きな声で会場を煽り立てる。

「本年度のトップは――」

しばらくの間があった。

「清宮薫くんです！」

スポットライトが清宮を照らした。清宮は両手を高々と上げ、満面の笑みと握りこぶしを作った。清宮は両親と赤い絨毯の上をゆっくりと歩いていく。僕は清宮に近づき、手を差し出した。

「おめでとう」

清宮は、両手で僕の右手を強く握った。

「来年は、俺がトップを取る」

僕はそう宣言した。

清宮は、ニヤリと笑っていつものように顎を触った。

清宮への宣言は嘘じゃなかった。来年こそ、母さんをこの壇上に上げるんだ。


表彰式が終わると、僕は真っ先に山野井さんのもとへ向かった。

とにかく山野井さんと握手をしてお礼を言いたかったのと、母さんには山野井さんにいろいろと教えてもらっていることを少し話してはいたが、直接、山野井さんを紹介したかったのだ。

近くまで行ったところで山野井さんを呼んだ。

「山野井さん！」

まだ会場が騒がしくて聞こえないみたいだ。

「山野井さん‼」

「おぉ！」

山野井さんが振り返り、握手をしてお互いの健闘を称えあうのと同時に僕はお礼を言った。

そして自分の後ろにいる母さんを紹介しようとしたそのとき、山野井さんが、

「三井さん、ご無沙汰しています」

僕の後ろから母を前にうながすようにしながら言った。

えっ？

母さんも、

「こちらこそご無沙汰しています、山野井さん。やっぱり山野井さんだったんですね」

と返した。

えっ？？？？？　どういうことだ？

「もう一二年ですね」

「早いもので息子もこんなに大きくなりました」

一二年？　昔から？　どういうこと？？？？

母さんが続けた。

「息子がいろいろとお世話になりました。本当にありがとうございます」

「いえいえ、私がご主人様から教えていただいたことを伝えただけです。

総一郎くんは、素晴らしい社会人に成長しましたよ」

僕は二人の間に割って入った。

「どういうこと？　知ってるの？」

母さんは小さくうなずいた。

僕は二人を会場の隅に連れて行き、山野井さんにことの事情を聞いた。

山野井さんがまだ前職の電機メーカーに勤めていた二〇代のころ、工場長の父さんのところに営業マンとして出入りしていたこと。

二人はとても仲良くなり、山野井さんは何度も父さんと食事に行ったり、僕の家にも遊びにきたことがあったこと。

営業マンとしての大切なことを、僕の父さんから学んだということ。

そして何よりも驚いたのは、お辞儀を真似するようになったのは父さんの影響だったということ。

さらに、メンターとして僕を指名したのは山野井さんの希望で、理由が父さんへの恩返しであったこと。会社がそれを快諾してくれたこと。

僕は下を向いたまま顔を上げられなくなっていた。

僕は今でも父さんに守られている。
ここにいる母さんにも守られている。
そして山野井さんにも。
いや周りのすべての人たちに見守られているんだ。
「ワーッ!」と大声を出す代わりに激しく肩を震わせながら、涙が止まらない。
山野井さんは少し困った様子で僕の背中をさすりながら笑っていた。
僕が顔を上げたときにはもう会場には数えるほどの人しかいなくなっていた。

さらに一年後

「おはようございます！」

「おはようございます!!」

変わることなく月曜日のミーティングは挨拶から始まる。

僕はいつものように一番前まで移動して、その日の連絡事項や仲間の営業についての発表を聞いていた。

ミーティングも終わり席に着こうとすると、後ろから声をかけられた。

「おはようございます。新人の川原《かわはら》と申します。いろいろとお世話になりますがよろしくお願いします」

川原くんは今年入社してきた新人だ。今日から一カ月間、僕の営業に同行することになっている。

「こちらこそよろしく」

僕は右手を差し出し、力強く握手をした。

会社の新しい制度として、入社一〇年以内の先輩が教育の一環で新人を同行させることになったのはつい最近のことだ。

僕はそれに立候補した。

「さあ、じゃあ行こうか」新人に声をかける。

「はい、お願いします！」ちょっと緊張している様子だ。

僕はまだまだ人に教えられるほどの営業マンではない。でも自分が教えてもらった「大切なこと」を少しでも後輩に伝えることが大切だと思っている。

それが山野井さんや父さんへの恩返し、いや恩を返すのではなく、恩を送ることになるのかもしれない、そう思っていた。

「行ってきます!!」

きっと山野井さんも、そして父さんも、「それでいいんだよ」と言ってくれるだろう。

最後までお読みいただき、ありがとうございました

「本当に大切だと思っていることを伝えたい！」、そう思って二年ほど前から編集の方と何度も打ち合わせをしながら、この本はできあがりました。

伝えたいと思うことをひとつひとつのシーンにして思い浮かべ、それを本音で文字にしていく。そんな作業の連続でした。

毎週末になると図書館に通い、気づくと三〇〇ページを超える物語を書いていました。

書きあげてから書店で同じようなボリュームの本を見てみると、読書の習慣のない私では、まず読まない厚さの本ばかりでした。

内容を削るつもりで原稿を読み返しましたが、自分で書いた原稿なのにいつの間にか感情移入していました。そして自分でも意外なことに、アッという間に読み終えてしまいました。しかも一気に。

編集の方に相談すると、編集の方も「私も何度も読み返しましたが、削るところなんてないですよね」と言ってくれました。

「このまま行きましょう！」と言ってもらい、プロの編集者が私と同じ感覚で、伝えたいことを感じ取ってくれていることをとても嬉しく思いました。

そうやってこの本が世の中に出ることになりました。

ですから、最後まで読んでいただけたことが本当に嬉しいのです。

お読みいただいていかがでしたか？

まず、読者の方にお伝えしたかったのは、「本気で仕事をしていますか？」ということです。

やはり仕事である程度の結果を出そうと思ったら、本気で取り組むことが必要です。

やってみようと思ったことに妥協せずに、継続的に取り組むこと。自分から逃げないことです。

そしてもうひとつ、私が今までの営業人生で行きついた「一番大切なこと」をこの物語に込めました。

今後も仕事をしていく上で、決して忘れないでください。

大切なことはあなた自身の「心」にあるということを。

みなさんの「明日」に小さくても何かしらの変化があることを、心から願っています。

最後に、ダイヤモンド社の和田さん、村上さん、新田さん、この三人がいてできた本であることは言うまでもありません。同様に営業の方々のご尽力も欠かせないものだと思います。さまざまなバックアップをいつもしてくれた元秘書の宮本さん、現秘書の安田さん。この企画を理解してくださった本社の広報や役員の方々。会社の同僚や後輩のみんな。そして、いつも大切なことを教えて下さるお客さま。みなさまにこの場をお借りしてお礼を申し上げます。


――この本を書いて四年が経ちます。読まれた方に「あの話は事実なんですか?」と、よく聞かれます。本の中に出てくる「受験の時に一緒に起きていてくれて、目を開けたまま寝ていた母親」は、私の母です。また、「工場の階段を降りて、何度も何度も深々とお辞儀をしてお客様を見送っていた父親」は、私が小さい頃に見ていた父の姿です。二人とも、この本を執筆し始めた二〇一一年、同じ年に、天国に行きました。

この本に込めたもうひとつの思いは、「お父さん、お母さん、ありがとう」です。

みなさんに読んでいただけましたこと、勝手ながら嬉しく思います。

本当にありがとうございました。

（第六版より、あとがきに加えました）

川田 修

[著者]
川田修（かわだ・おさむ）
プルデンシャル生命保険株式会社　エグゼクティブ・ライフプランナー
1966年東京都墨田区生まれ。慶應義塾志木高等学校、慶應義塾大学法学部卒業。
小学校５年から大学４年までサッカー漬けの生活を送り、1989年株式会社リクルート入社。入社から退職まで96カ月のうち、月間目標を95カ月達成、部署最優秀営業マン賞を数回、また全社年間最優秀営業マン賞も受賞する。
1997年プルデンシャル生命保険株式会社入社、営業職の最高峰であるエグゼクティブ・ライフプランナーに昇格。その年の年間営業成績（2001年度の社長杯）でトップとなり、全国約2000人中の1位のPT（President's Trophy）を達成する。
現在は、エグゼクティブ・ライフプランナーとして活動するかたわら、「保険」だけでなく「本当の顧客満足とは」「紹介をしてもらえる営業」「お客様に感動を与える営業」などをテーマに、企業からの講演依頼も年に40回程度受けるなど、営業のプロフェッショナルとして多彩な活動を行う。
主な著書は『かばんはハンカチの上に置きなさい』『だから、また行きたくなる。』（ダイヤモンド社）、『知識ゼロからの営業入門』（幻冬舎）、『仕事は99%気配り』（朝日新聞出版）など。
http://www.facebook.com/osamukawada0418

この本のご意見・ご感想などありましたら、メールをお送りいただけると幸いです。

shiroi_hankachi@yahoo.co.jp（必ず全部読ませていただきます）

僕は明日もお客さまに会いに行く。

2013年４月18日　第１刷発行
2019年６月５日　第８刷発行

著　者――川田修
発行所――ダイヤモンド社
〒150-8409　東京都渋谷区神宮前6-12-17
http://www.diamond.co.jp/
電話／03･5778･7236（編集）　03･5778･7240（販売）

カバー、本文デザイン―斉藤重之
イラストレーション―タムラフキコ
編集協力―――新田匡央
製作進行―――ダイヤモンド・グラフィック社
印刷――――八光印刷（本文）・新藤慶昌堂（カバー）
製本――――本間製本
編集担当―――和田史子・村上実奈子

ISBN 978-4-478-01756-2